四川职业技术学院文库·百年校庆丛书

四川省教育厅高校辅导员培训中心、教育部高校辅导员培训和研修基地课题成果（项目编号CJSFZ14-038）

高职院校学生教育管理创新研究

Gaozhi Yuanxiao Xuesheng Jiaoyu Guanli Chuangxin Yanjiu

徐友辉 何雪梅 罗惠文 编著

西南交通大学出版社
·成都·

图书在版编目（CIP）数据

高职院校学生教育管理创新研究 / 徐友辉，何雪梅，罗惠文编著. —成都：西南交通大学出版社，2018.3
（四川职业技术学院文库. 百年校庆丛书）
ISBN 978-7-5643-5828-0

Ⅰ. ①高… Ⅱ. ①徐… ②何… ③罗… Ⅲ. ①高等职业教育–教育管理–研究 Ⅳ. ①G718.5

中国版本图书馆 CIP 数据核字（2017）第 251469 号

四川职业技术学院文库·百年校庆丛书

高职院校学生教育管理创新研究

徐友辉　何雪梅　罗惠文　编著

责 任 编 辑	梁　红
封 面 设 计	曹天擎
出 版 发 行	西南交通大学出版社 （四川省成都市二环路北一段 111 号 西南交通大学创新大厦 21 楼）
发行部电话	028-87600564　028-87600533
邮 政 编 码	610031
网　　　址	http://www.xnjdcbs.com
印　　　刷	四川煤田地质制图印刷厂
成 品 尺 寸	170 mm × 240 mm
印　　　张	12.5
字　　　数	212 千
版　　　次	2018 年 3 月第 1 版
印　　　次	2018 年 3 月第 1 次
书　　　号	ISBN 978-7-5643-5828-0
定　　　价	58.00 元

图书如有印装质量问题　本社负责退换
版权所有　盗版必究　举报电话：028-87600562

前 言

赢得青年则赢得未来。国家"十三五"规划明确指出：提高高校教学水平和创新能力，建设现代职业教育体系，优化学科专业布局和人才培养机制。实现创新驱动，需要人力资本的积累、劳动力素质的提高。职业教育是国民教育体系和人力资源开发的重要组成部分，肩负着培养多样化人才、传承技术技能、促进就业创业的重要职责。提高人才培养质量的前提，是要建立有效的学生教育管理模式。

近10年，是党和国家高度重视职业教育的10年，是国家对职业教育投入最多的10年，也是高职教育发展最好最快的10年。随着我国经济、政治和社会体制的改革和全球化进程的加快，支撑教育体制形成的政治、经济和社会条件发生了巨大变化，呈现出国际化、大众化、市场化、多样化的特点。作为高职教育管理对象的大学生也不断呈现出新变化、新特点，传统的学生工作理念、工作模式和方法受到了巨大挑战，已经难以适应新形势的变化。正视高职院校学生教育管理工作的发展变化和新要求，主动转变和革新学生教育管理理念，是做好新形势下高职院校学生工作的基本出发点和根本宗旨。

《高职院校学生教育管理创新研究》一书，既是四川省教育厅"高职院校学生教育管理工作优化研究"（项目编号CJSFZ14-038）的研究成果，也是我们自四川职业技术学院于2003年组建以来对高职院校学生工作的经验总结，所持主要观点如下：

（1）高职院校的学生教育应该是综合素质教育，内容主要包括思想政治素质教育、法纪安全素质教育、心理素质教育、文化素质教育、科技素质教育、艺术素质教育和创新创业素质教育等。

（2）高职院校的学生管理应该是系统管理，内容主要包括学籍管理、公寓管理、资助管理、理论教学管理、实践教学管理和社团管理等。

（3）高职院校的学生工作主要是对学生实行素质教育和系统管理，促进学生全面发展。

（4）高职院校的学生工作呈现出主体的层次性、客体的多重性、环境的复杂性和理念的滞后性等新特点，需要在教育管理理念、教育管理制度、教育管理队伍、教育管理方法和教育管理途径等多方面寻求创新，以适应高职教育的发展。

总之，我们希望通过此书探索高职院校学生教育管理的内容、原则、方法和途径，为广大高职院校学生工作者提供具有一定指导性和可操作性的经验，推进高职院校学生教育管理系统化、科学化和制度化，为社会经济发展培养更多高素质技能型人才。

对高职院校学生工作的探索是一个长期的累积过程，加上教育管理本身就是一个随着时代、社会、经济变化而不断变化的过程，因此，高职院校学生教育管理需要长期研究和跟进，今后我们还将继续努力。尽管经过课题组全体成员共同努力，撰写出《高职院校学生教育管理创新研究》这本拙作，但是，我们对高职院校学生教育管理工作还研究得不够深入，疏漏之处在所难免，敬请同行专家、学者和读者批评指正。

著者

2017年6月于四川职业技术学院

目 录

上篇　高职院校属性与学生工作创新

第一章　高职院校的由来、属性与学生特点　003
　　第一节　高等职业院校的发展历史　003
　　第二节　高等职业院校的基本属性　006
　　第三节　高职院校学生的基本特点　008

第二章　高职院校学生工作特点与创新　011
　　第一节　高职院校学生工作的特点　011
　　第二节　高职院校学生工作的创新　013

中篇　高职院校学生教育创新研究

第三章　高职院校学生思想政治教育　021
　　第一节　学生思想政治教育的内容　021
　　第二节　学生思想政治教育的原则　024
　　第三节　学生思想政治教育的方法　026
　　第四节　学生思想政治教育的途径　030

第四章　高职院校学生法纪安全教育　036
　　第一节　学生法纪安全教育的内容　037
　　第二节　学生法纪安全教育的原则　041
　　第三节　学生法纪安全教育的方法　043
　　第四节　学生法纪安全教育的途径　048

第五章　高职院校学生心理健康教育　　055
　　第一节　学生心理健康教育的内容　　056
　　第二节　学生心理健康教育的原则　　058
　　第三节　学生心理健康教育的方法　　061
　　第四节　学生心理健康教育的途径　　063

第六章　高职院校学生创新创业教育　　071
　　第一节　学生创新创业教育的内容　　072
　　第二节　学生创新创业教育的原则　　075
　　第三节　学生创新创业教育的方法　　077
　　第四节　学生创新创业教育的途径　　081

第七章　高职院校学生综合素质教育　　089
　　第一节　学生综合素质教育的内容　　090
　　第二节　学生综合素质教育的原则　　094
　　第三节　学生综合素质教育的方法　　097
　　第四节　学生综合素质教育的途径　　099

下篇　高职院校学生管理创新研究

第八章　高职院校学生档案管理　　105
　　第一节　学生档案管理的内容　　105
　　第二节　学生档案管理的原则　　110
　　第三节　学生档案管理的方法　　115

第九章　高职院校学生公寓管理　　119
　　第一节　学生公寓管理的内容　　119
　　第二节　学生公寓管理的原则　　127
　　第三节　学生公寓管理的方法　　129

第十章　高职院校学生资助管理　　　　　134
　　第一节　学生资助管理的内容　　　　135
　　第二节　学生资助管理的原则　　　　139
　　第三节　学生资助管理的方法　　　　141

第十一章　高职院校学生理论教学管理　　145
　　第一节　学生理论教学管理的内容　　146
　　第二节　学生理论教学管理的原则　　150
　　第三节　学生理论教学管理的方法　　155

第十二章　高职院校学生实践教学管理　　160
　　第一节　学生实践教学管理的内容　　160
　　第二节　学生实践教学管理的原则　　166
　　第三节　学生实践教学管理的方法　　168

第十三章　高职院校学生社团管理　　　　172
　　第一节　学生社团管理的内容　　　　172
　　第二节　学生社团管理的原则　　　　175
　　第三节　学生社团管理的方法　　　　179

参考文献　　　　　　　　　　　　　　　184

后　记　　　　　　　　　　　　　　　　189

上篇

高职院校属性与学生工作创新

第一章
高职院校的由来、属性与学生特点

当今世界正发生着全面、深刻的变革,如信息网络化、经济全球化、政治多极化、生活多样化等。这些变化必然导致人们生存和就业环境的巨大变革,对已有的高等教育体系提出新的挑战。为了迎接挑战,满足社会发展、科技进步对高素质劳动者的需求,在世界各国的高等职业教育进入调整、巩固、改革、发展之时,我国迎来了高等职业教育的春天。作为高职院校学生教育管理工作者,要顺应时代的需求,充分认识我国高等职业院校的由来、属性和学生特点,正视大学生教育管理工作的发展变化和新要求,主动转变和革新学生教育管理理念,做好新形势下高职院校学生的教育管理工作。

第一节 高等职业院校的发展历史

我国的高等职业教育源远流长,历史悠久。高等职业院校的发展经历了实业教育建立、职业教育兴起和高职教育发展三个阶段。

一、实业教育的建立

鸦片战争后,清政府出现以李鸿章、左宗棠、张之洞等人为代表的洋务派,他们主张学习西方的科学技术,开设中国近代最早的专科学校——实业学堂。实业教育被晚清政府纳入1902年(壬寅)和1909年(癸卯)首次制订的现代学校教育的学制体系,尤其在癸卯学制中,实业教育不仅有初、中、高不同层次,而且与普通教育完全并列,其中高等实业学堂相当于今天的高等职业教育,具体分为高等农业学堂、高等工业学堂、高等商业学堂、高等商船学堂四科。实业学堂的教育宗旨是"意在使全国人民具有各种谋生之才智技艺,必为富国富民之本",高等实业学堂招收18岁以上中学毕业生或同等学力者,分本科和预科。各学堂因专业不同,修业年限也各不相同。高等农业学堂、高等商业学堂预科一年，本科三年；高等工业学堂，不设预科，本科三年；高等商船学堂分航海科和机轮科，前者为五年半毕业，后者为五年毕业。在癸卯学制中，高、中、初实业学堂是衔接相通的，低一级学堂的毕业生可直升高一级同类专业的学堂。

二、职业教育的兴起

1912年1月，蔡元培任教育总长，改实业学堂为实业学校、高等实业学堂为专门学校，办学宗旨是"教授高等学术，养成专门人才"，门类从农、工、商、船扩展到政法、医药、美术、音乐、外国语等九类。1917年4月，黄炎培联合梁启超、宋汉章等人在上海创立中华职业教育社，1918年创设上海职业学校与《职业与教育》杂志，其成为中国最早建立的宣传、试验与推广职业教育的机构。1922年（壬戌）颁布新学制，将过去的实业学堂、实业学校一律改为职业学校，原在高等教育等级上的实业教育仍为专门学校；"壬戌学制"让职业教育制度取代了实业教育制度，确立了职业教育在学制中的地位。1928年，在南京举行的第一次全国教育会议对"壬戌学制"进行修订，改专门学校为专科学校，这是中国"专科学校"的开端。1929年7月，政府颁布《专科学校组织法》规定，专科学校以"教授应用学科，养成技术人才"为宗旨，招收高中毕业生或同等学力毕业生，经入学考试合格者，并得收同性质的高级职业学校的毕业生，学习年限为2~3年。修订后的"壬戌学制"一直沿用至中华人民共和国成立前。

三、高职教育的发展

1978年12月，以中共十一届三中全会为标志，我国成功实现以经济建设为中心的战略转变。全国各地各条战线急需大量有文化、懂技术的劳动者，由国家统分的高等专门人才无法满足社会需要，一些大中城市开始兴建学校，为本地培养人才，短期职业大学应运而生。1980年创办的天津职业大学，属于专科层次，学制为三年，这是1949年后在中国出现的第一所除师范院校外的高职院校，在高职教育的发展史上具有划时代的意义。1983年颁布《国务院批转教育部、国家计委关于加速发展高等教育的报告》，要求"积极提倡大城市、经济发展较快的中等城市和大企业举办短期职业大学"。1985年颁布《中共中央关于教育体制改革的决定》明确提出："积极发展高等职业技术院校，……逐步建立起一个从初级到高级、行业配套、结构合理又能与普通教育相沟通的职业技术教育体系"，"高中毕业生一部分升入普通大学，一部分接受高等职业技术教育"。该决定颁布后，全国先后建立起120余所职业大学，进行高职教育。

1991年10月国务院发出《关于大力发展职业教育的决定》，提出"积极推进现有职业大学的改革，努力办好一批培养技艺性强的高级操作人员的高等职业学校"。1994年全国教育工作会议提出"三改一补"发展高职教育的方针，即通过现有职工大学、部分高等专科大学和独立设置的成人高校，通过改革、改组、改制来实施；在仍不能满足需要时，经批准可利用少数具备条件的国家级重点中专举办高职班或转制等方式作为补充。1996年颁布《中华人民共和国职业教育法》明确规定"职业学校教育分为初等、中等、高等职业学校教育"。1998年颁布《中华人民共和国高等教育法》指出"本法所称高等学校是指大学、独立设置的学院、高等专科学校，其中包括高等职业学校和成人高等学校"，正式确立高等职业教育的法律地位，推动我国高职教育走上依法办学的新阶段。可见，国家对职业教育的推动力度是史无前例的，在国际上也属罕见。1997年国家教委（现教育部）为明确高职学校的发展方向和规范校名，提出新建高等职业学校一律定名为"××职业技术学院"或"××职业学院"。师范、医学、公安类的专科层次全日制普通高等学校仍为"高等专科学校"。所以，我们把高等职业学校和高等专科学校合起来简称为"高职高专"。1999年6月颁布《中共中央国务院关于深化教育改革全面推进素质教育的决定》明确指出："高等职业教育是高等教育的重要组成部分。要大力发展高等职业教育，培养一大批具有必要理论知识和较强实践能力，生产、建设、管理、服务第一线和农村急需的专门人才。"该决定为高职院校的办学方向做出了科学的定位。

2006年11月，教育部颁布《教育部关于全面提高高等职业教育教学质量的若干意见》明确指出："高等职业教育作为高等教育发展中的一个类型，肩负着培养面向生产、建设、服务和管理第一线需要的高技能人才的使命，在我国加快推进社会主义现代化建设进程中具有不可替代的作用。"同时，开始实施被称为"高职211工程"的"国家示范性高等职业院校建设计划"，从2006年到2015年，100所"国家示范性高等职业院校"和100所"国家骨干高等职业院校"相继建设完成。自此，中国的高等职业教育和高职院校进入了一个前所未有的新的发展阶段。

第二节　高等职业院校的基本属性

教育部明确规定：高等职业教育具有高等教育和职业教育的双重性。学校以服务为宗旨，以就业为导向，实行产学研相结合的办学方针。教学中强化实训实践环节，着力培养学生的职业道德、职业技能和就业创新能力，使学生成为高素质高技能人才。

一、高职院校的高等教育属性

高职教育是高等教育发展到一定阶段的分支，它与普通高等教育同属高等教育范畴，具有高等教育的根本属性。

（1）体现于高等教育对提高公民素质所起的作用。高等职业教育和普通高等教育都是高中阶段后的高层次教育，可以大大提高全民文化素质和从业能力。高职院校设置的专业几乎覆盖了地方上的各个社会领域和经济领域，是地方实现"高等教育大众化"的主要力量。"职业教育不只是获取生存技能的途径，而且还应成为提升人的境界、丰富人的精神世界的一种方式，受教育者不只是被开发的对象和增加财富的资源，而且要成为发展的中心目标和终极目标"这一高等教育促进人发展的基本功能，对于提高公民素质起了重要的作用。在中国每一个地区都有一所高职院校的情况下，高职教育体现这一高等教育基本功能的意义尤其重大。

（2）体现于高等教育共同的基本人才质量观。科学的人才观认为，具有一定的知识和技能，能够进行创造性劳动，对物质文明和精神文明有积极贡献的人，就是人才。高等教育大众化已是趋势，高等教育已经从社会的边缘走向社会的中心，成为社会发展的轴心机构，人才质量不再是一种标准，而变成了一个相对的概念。高校的人才质量观从"知识本位→能力本位→素质本位"，再发展到当代高校"知识、能力、素质相融合"的人才质量标准，是21世纪信息社会经济、科技对高素质人才的客观需要，这也成了中国和世界各类型高校的普遍追求和共同特征。衡量高等学校人才培养质量的问题，主要是评价毕业生群体能否很好地适应现实发展的需求，能否很好地为政治、经济、文化发展服务。

（3）体现于高等教育的专门化、多样化和终身化。现代经济、社会对于人才专业化和多样性的要求，决定了高中后教育的专门化、多样化和终身化。高等教育结构多样化、办学体制多样化、质量标准多样化，高等教育不再单纯是以学历教育为主的教育系统，它同时包括以职业资格教育为主的行业教育系统和以文化生活教育为主的社会教育系统等。职业教育包括职业价值观教育、职业道德教育、通用的职业能力教育和专门的职业能力教育。职业人需要有伴随职业生涯始终的教育，这就决定了专门教育必须终身化。提供专门化、多样化和终身化教育服务是高等职业教育和普通高等教育的共同属性。

二、高职院校的职业教育属性

高职院校最重要的基本特征是学校类型的独特风格，这是高职院校不同于普通高等院校或中等职业学校的特征，它体现了高职院校在高等教育系统中的独特位置，是高等教育多样性的体现，也是高职教育核心竞争力之所在。

（1）依据经济社会的职业岗位和技术领域需要设置专业。针对区域经济发展的要求，灵活调整和设置专业，是高等职业教育的一个重要特色。教育部要求：各级教育行政部门要及时发布各专业人才培养规模变化、就业状况和供求情况，调控与优化专业结构布局。高等职业院校要及时跟踪市场需求的变化，主动适应区域、行业经济和社会发展的需要，根据学校的办学条件，有针对性地调整和设置专业。高职院校专业设置大多以社会职业分类为基础，根据社会经济发展的职业岗位和技术领域的需要而设置。同时，专业的设置也因市场经济结构变化的影响而进行调整，新的职业岗位不断出现，高职院校基本上每年都要分析人才市场的需求和职业岗位的发展动态，适时开发新专业、改造老专业、淘汰过时专业。

（2）依据岗位能力和职业素质的培养要求制订教学计划、设置课程。作为以就业为导向的职业教育，教学环节及课程的设置必须针对一定的职业岗位；作为以素质为中心的高等教育，必须考虑培养学生的发展性和推行可持续学习的课程。教育部要求：高等职业院校要积极与行业企业合作开发课程，根据技术领域和职业岗位（群）的任职要求，参照相关的职业资格标准，改革课程体系和教学内容。高职院校的课程设置，是以适应性和针对性的辩证统一为原则，并根据职业岗位的变动及其内涵的不断丰富将呈现愈加明显的趋势，注重培养学生可持续学习能力与坚实的基础。

（3）教学过程突出实践性。教育部规定：高职院校教学注重应用理论和实践相结合，强化技能训练，突出应用能力的培养。高职院校培养的是高素质技能性人才，在教学过程中注重学生实践能力的培养，广泛采用案例教学、项目教学、工学结合等方式方法，培养应用型人才。高职院校对高技能人才的培养面向社会、面向人人，培养与培训突出针对性、职业性、灵活性和开放性，将学校的教学过程和企业的生产过程紧密结合，通过订单培养、工学交替、顶岗实习等方式方法，加强学生的生产实习和社会实践工作，校企共同完成教学和人才培养任务。

第三节　高职院校学生的基本特点

在校高职学生的身心还未完全成熟，世界观、人生观、价值观还未完全树立。据有关数据统计，高职学生已近大学生的一半，他们将是社会主义建设的主要力量之一。从目前情况看，当前高职学生大多为"95后"，他们的独立生活能力正在形成中。他们大多为独生子女，从小生活条件较好，成长过程比较顺利，基本没有经受过大的挫折。他们身处信息时代，从小就接触各种新媒体工具，接触的信息多而广，受到各种社会思潮的影响，对各种社会现象具有一定的认知，这其中有错误的也有歪曲事实的。多方面的因素使高职学生呈现出一些新的特点，具体表现为认识观念的矛盾性、思想意识的多元性、个性特征的复杂性、学习情绪的功利性和生活状态的倦怠性。

一、高职学生认识观念的矛盾性

高职学生虽然有非常强烈的爱国热情，但是缺乏坚定的政治方向。他们都立志报效祖国，愿意为祖国的富强、民族的振兴奉献自己的青春。但是，由于高职学生自身的年龄和阅历因素，部分高职学生对国家的大政方针认识不够深入，对政治原则缺乏深刻的认知，对当前社会上存在的一些不良社会思潮的危害性认识不足，对中国的历史没有一个正确和全面的认识，对中国当今的国情不能深入地把握，容易感情用事、意气用事，不能很好地控制自己的行为，从而走向良好愿望的反面。

二、高职学生思想意识的多元性

当下高职学生的理想信念和道德观念呈现出多元化的趋势。经济全球化使得各民族、各国家、各地区之间的联系越来越紧密,世界各国、各民族、各地区的紧密交流大大促进了生产力的发展和人类社会的进步。同时,在文化、意识形态等广泛的社会生活领域也给我国带来了很深的影响。西方反华势力趁中国加大对外开放力度和增强对外交流之际,加强对我国进行遏制和渗透。而高职大学生的思想意识、价值观念向多元化转变。高职学生中,既有代表人类先进的文明成果和社会前进的超前思潮,也有一些陈腐落后甚至是错误的思想,这会严重地影响世界观、人生观、价值观尚处在形成阶段的高职学生,导致部分高职学生思想信念和道德观念迷茫。

三、高职学生个性特征的复杂性

高职学生思想积极活跃、个性张扬,有强烈的表现欲望。一方面希望得到大家的认同,喜欢表现自己,但是部分缺乏沟通能力和承受力,心理素质比较差,一遇到挫折和打击,就灰心丧气,甚至一蹶不振,对自己丧失信心,常采取逃避方式,面临内心所想与自身行为严重背离的状况。另一方面,大多数高职学生或多或少有些自卑,羡慕考入本科院校的同学,但对自己失利的原因却归因不当,他们把自己的失利归因于外部环境,而不是自身努力的不足。此外,一些高职学生本身就存在自控力弱、学习力差、自信心不足等情况,在互联网中,各种网游、虚拟社区等游戏让部分高职学生沉溺其中、不能自拔,在虚拟世界寻求存在感、自信心、满足感。严重者甚至通宵达旦,导致身体素质下降、生物钟紊乱、思维模糊、食欲不振等不良生理和心理反应。

四、高职学生学习情绪的功利性

高职院校的学生大多是高考失利或是自身学习能力不足,遭遇失败,挫败感强烈。他们学习基础相对薄弱,分析问题能力、思维和提炼能力也相对不足,遇到困难易出现烦躁情绪。部分学生学习较为功利,在学习中喜欢从学习内容的"有用"与"无用"入手,认为教师讲授的知识"无用"或"无趣味"时,就无心听课。学习中亦不擅长用脑"理解",喜欢带有趣味性的问题，厌倦需要深入理解和分析的学习内容，偏好实践实训和"情境性"内容知识的学习，不会也不愿意钻研和深入学习，很少能享受到解决学习难题后带来的快乐。相反，过多地体会到的是学习成绩不佳、学习效率低下的困顿。相当一部分高职学生自控能力较差，学习缺乏主动性，学习效率不高，不会按专业性质主动选择及安排课内及外延的学习内容，巩固、拓展自己的知识。学习仅局限于课堂，把课堂上教师传授的知识作为学习的全部，遇到困难就退缩，不能知难而进、努力克服。

五、高职学生生活状态的倦怠性

高职学生普遍存在心态浮躁、缺乏生活激情的问题。面对学习上的"挫折"和未来就业的压力，不少学生悲观失望，丧失信心，在思想情绪上多呈消极、浮躁、焦虑、紧张、忧郁、自我否定等状态，这些不良情绪，直接影响学生的学习生活状态。有些学生消极对待学习生活，养成了万事问网络的习惯，没有自己的思考和观点，创新意识减退，创新能力减弱；当一天和尚撞一天钟，课余生活单调，缺乏健康、积极、向上的活动或爱好。他们一方面高呼课余生活无聊、孤单，没有人能理解；另一方面，又不愿意走出寝室，走到操场，走向人群去参加集体活动，参加体育锻炼。大多数高职学生课余时间多用来上网玩游戏、聊天、看电视剧、读网络小说等，为此消磨了大量的青春年华，在虚拟世界中寻求安慰，寻求成就感。

第二章
高职院校学生工作特点与创新

民族要振兴,教育是根本。21世纪最为突出的特征就是人力资源的竞争,人才的数量、质量以及人力资源的配置机制是一个国家可持续发展能否顺利进行的决定性因素。培养人才是一项复杂且系统的工程,作为培养具有高素质技能型人才的高职院校,在重视教学的同时,必须结合高职院校自身特性,针对高职学生的特点,开展调查和研究,找到有效的教育途径和方法,加强对学生的教育管理与引导。

第一节 高职院校学生工作的特点

当今,高职院校的学生工作呈现出一些新的特点,具体表现为主体的层次性、客体的多重性、环境的复杂性和理念的滞后性。

一、工作主体的层次性

高职院校学生教育管理工作的主体是一支以专职学生教育管理工作人员为主、兼职教师为辅的数量庞大、覆盖面广阔的教育管理队伍。具体而言,学生教育管理的组织机构按照层次划分,可分为高层管理机构、中层管理机构和基层管理部门三个层级。三个层级体系中,既有以学校分管学生教育管理工作的副书记、学工部(处)长、党总支书记、分团委书记、辅导员、班主任为主体的专职队伍,也有由校党委宣传部、组织部等政工部门和机关各行政部门有关人员、专业课老师组成的专职人员。因此可以说,高职院校学生教育管理工作的主体具有专兼结合、多层次、多格局的特点,基本实现了对高职大学生的全员、全程、全方位的"三全"管理。

二、工作客体的多重性

随着经济的发展和时代的变迁，当今高职学生管理呈现出多样性的特点，教育管理客体的复杂性增加了教育管理工作的难度。一是，高职学生大多处在18~23岁，这一时期正是一个人一生中心理和生理变化最大的时期，就学生个体而言，是一个复杂多变的矛盾体。二是，高职院校学生群体成分复杂，既有城镇子女，又有农村孩子；既有家底殷实的富裕子弟，又有经济拮据的贫困学生；既有踏实愿学的学生，又有得过且过的学生。因此，学生群体的良莠不齐增加了教育管理工作的复杂性。三是，从理想信念和价值观层面上看，有的高职学生树立了正确的人生观、价值观和世界观，能够自觉践行社会主义核心价值观；有的则缺乏远大的理想，功利心很强，做事总是要求现实的回报，目标迷茫，价值观混乱，人生观、价值观、世界观扭曲，缺乏辨别是非的能力。

三、工作环境的复杂性

随着当今世界多极化趋势的发展，经济全球化的进程日益加快。经济全球化是一把"双刃剑"，一方面，使得各民族、各国家、各地区之间的联系紧密，西方的思想意识形态以前所未有的规模和力度冲击着我国高职院校大学生的人生观、世界观和价值观，直接冲击着他们所接受的传统的爱国主义教育、集体主义教育和社会主义教育；另一方面，在国内全面进行社会主义经济建设的大潮中，市场经济对高等教育产生了一定的负面影响，这些负面影响也在一定程度上反映到高职学生的精神生活中来，从而以各种不同形式影响高职校园，冲击着高职院校的思想政治教育。此外，高职院校的教育体制改革和大规模的扩招办学使得当今高职院校的教育管理环境变得复杂。在全球化大背景下，对高职院校教育管理者而言，要做好高职院校学生的教育管理工作，需要解放思想，与时偕行、与时俱进，更多地与外界交流，与世界接轨，更多地接受新鲜事物，接受新思维，完善学生教育管理工作，这关系到高职院校的安全稳定和各项工作的顺利进行，也关系到社会主义建设人才的培养和国家的长治久安。

四、工作理念的滞后性

首先,学校教职员工管理理念滞后,全员育人的理念还没有完全建立起来。其次,教育管理人员管理理念滞后,偏重管理,轻视服务和教育。学生教育的主体性没有得到充分的体现,没有真正把学生放在第一位,没有围绕学生的发展开展工作。再次,教育观念滞后。受学生水平参差不齐的影响,部分学校教育管理人员并不是对所有学生都抱有可教育观点,没有用一分为二的、发展的眼光看待学生,对自己欣赏的学生就只看到优点,对待自己不看好的学生就只看到缺点,从而忽视整个管理体制中学生主体应有的权利。最后,人才观念滞后。受社会大环境的影响,社会上存在唯学历论英雄、鄙薄职业教育的现象,而部分职业院校的教职员工对此也没有正确认识。

第二节 高职院校学生工作的创新

创新是一个民族进步的灵魂,是一个国家兴旺发达的不竭动力。高职院校学生工作面临着新情况、新问题、新矛盾、新挑战,作为学生工作者必须转变观念,结合工作实际,开拓创新,与时俱进,建立适应时代的管理制度;勇于探索,勇于实践,寻求新的管理方法和途径,提高管理水平,为社会培养更多更好的优秀人才。

一、教育管理理念创新

(1)转变教育管理观,树立以学生为本的思维模式。转变教育管理思维工作模式,改变传统封闭管理模式,建立"以学生需求为本""以学生能力为本""以学生素质为本"和"以学生发展为本"的生本教育管理理念;尊重、理解、信任和关爱学生,将学生放在管理的主体位置,尊重学生身心发展规律和其合理的需要,考虑到学生的年龄特征、时代特征,从学生的内在需求出发,引导学生把自身的成才目标与学校的教育目标统一起来,为学生成长创造条件,使教育管理与服务体系结合在一起;实现从管理到服务的转型,把管理育人理念贯彻教育管理的始终。

(2)构建新型师生关系。现今是知识爆炸的时代,是互联网的时代。通信技术发达,信息传播途径广泛,学生获取知识、了解资讯、认识世界的方式、途径也多种多样；现在的高职学生从小成长的家庭环境、社会环境、世界经济环境也发生了新的改变，教师、学校管理人员对学生而言也不再是高高在上的神圣不可侵犯的存在，学生有自己的价值判断，对社会有自己的理解和认识。因此，传统的以"管住"为目标的管理方法已经不能适应现在的学生管理，新型的师生关系亟待构建。作为高职院校的学生教育管理人员要认识到，开放性和灵活性是高职学生工作的新的时代背景和基本特征。故应当改变传统的学生管理理念和工作方式，构建相互尊重、理解的平等和谐的师生关系，由管理约束学生向服务发展学生转变。

二、教育管理制度创新

（1）建立全员育人制度。影响人的外部因素主要包括遗传、环境和教育。学校学生工作中，育人既是一个传授、引导的过程，也是一个感化、熏陶和养成的过程。在学校中，从课堂学习到社会实践，从宿舍生活到学习生活，从教室文化到校园环境，点点滴滴与学生生活相关的人、事都会影响学生的成长。传统观念中任课教师只管上课，思想政治教育工作是班主任或辅导员的任务。现在应该摒弃这种观念，转变教育模式，建立全员育人的意识，"教书"与"育人"不是剥离开来的两个部分。学校教育也不仅仅是任课老师、辅导员、班主任的事情。全员育人包括"教书育人""管理育人""服务育人"几个部分。学校的教师、各职能部门工作人员、管理人员因有一个共同的工作目标"育人"，在从事自己本职工作的过程中，对学生进行直接的或是间接的教育影响，以"润物细无声"的方式让学生在日常学习、生活中受到潜移默化的熏陶，把外在的教育影响转化为学生内化的教育影响。

（2）整合教育资源，形成教育合力。学生的教育管理涉及范围相当广泛，包括思想政治教育、法纪安全教育、心理健康教育、就业创业教育、综合素质教育、教学管理、公寓管理、社团管理、资助管理、档案管理等诸多方面。目前是教育部门与管理部门二者各负其责，形不成教育合力，因此教育管理工作收不到应有的效果，对于培养高素质、技能型人才的教育目标来说事倍功半。高职院校应整合教育资源，完善健全与高职学生特点相适应的管理制度，明确不同层级中学生管理相关部门的职责、权限关系，做到岗位到人、职责到人、责任到岗，实现管理者责、权、利的统一。各职能部门之间应建立起精诚团结、有效合作的一种工作状态，形成教育合力，使教育管理工作更加高效、实效。

三、教育管理队伍创新

（1）优选适合人才进入学生管理队伍。学生管理队伍（辅导员或是班主任）是与学生接触最多，对学生影响最大的人员之一，是高职院校开展学生管理工作的骨干力量，是高职学生思政教育和管理工作的直接一线的组织者和实践者。因此，建立一支素质高、能力强、较稳定的学生工作队伍显得尤为重要。高职院校应建立和规范学生管理队伍的准入机制，优选政治强、业务精、纪律严、作风硬、心理素质好的人员进入到学生管理队伍中来。结合学生管理工作特点，还应考核应选人员的表达力、沟通能力、思维创新力等。

（2）学生管理队伍不断充电、提升。学生教育管理工作具有工作主体的层次性、工作客体的多重性、工作环境的复杂性等特点。学生教育管理过程中会不断地面临新的环境、新的情况、新的问题，因此，学生管理队伍也需要不断地提升自己，充实自己。高职院校应对学生管理队伍建立合理的培训规划，建立多种层次、多种主题、多种形式的校内外培训机制。通过培训让新进人员快速地了解学生管理工作、熟悉业务；通过培训让学生管理队伍掌握教育原则、方法、教育的艺术；通过培训让学生管理队伍工作增强职业认同感和责任感，引导他们以身作则，细心、耐心地开展工作；通过培训让学生管理队伍提高其心理咨询、就业指导、资助经济困难学生的能力，提高工作效率，增强工作积极性。

（3）学生参与管理，实现学生自我教育管理。管理的最高境界是"无为而治"。老子《道德经》说："太上，不知有之；其次，亲而誉之；其次，畏之；其次，侮之。信不足焉，有不信焉。悠兮，其贵言。功成事遂，百姓皆谓'我自然'。"要实现这种"我自然"的良好状态除了需要教育管理人员自身具有较高的素质和管理艺术以外，还需要学生提高教育管理能力，包括自我教育、自我服务、自我管理。增强学生的"三自"能力，既能提高教育管理效率，又符合素质教育以学生为主体、发挥学生主体性的基本要求。

四、教育管理方法创新

（1）进行全方位教育，提高学生综合素质。对高职院校学生实施包括思想政治教育、法纪安全教育、心理健康教育、就业创业教育、创新意识教育等全方位的教育。教育方法是一个多元方法体系，是教育者行使教育职能、实现教育目标，使教育工作落到实处的重要环节。一方面，世界经济发展和科技进步主要是依靠高素质的人才，我们培养学生就应该使学生能够在德、智、体、美等方面全面发展，提高学生的综合素质。另一方面，传统的教育方法与新经济时代的要求相距甚远，教育领域出现的诸多新生事物从客观上要求对教育方法进行创新。教育者要根据教育规律、教育原则，结合时代特点，把现代网络技术、可行性分析技术、全面质量技术等先进技术成果引入教育领域，并加以调整、改革，推广创新教育。时代的发展需要既具备科技知识又具备人文素养的高素质综合人才，需要教育管理者既重视科学知识教育，也加强人文教育，使高职院校真正承担起融合科技教育与人文教育，为国家培养符合时代需要的高素质人才的历史责任。管理者创新教育方法，在教育过程中处理好知识、能力与素质的关系，以适应社会需求为目标，突出人才培养的针对性和应用性，让学生具备一定的可持续发展能力。

（2）创新管理方法，提高管理质量。学生的教育管理涉及范围相当广泛，包括理论教学管理、实践教学管理、学生公寓管理、学生资助管理、学生社团管理、学生档案管理等诸多方面。知识经济时代新技术、新事物不断出现，给教育带来的影响也十分巨大，教育管理的特征也在不断变化，教育领域出现的诸多新生事物从客观上要求对教育管理方法进行创新。学生是我们教育的主体，我们一切的努力都是为了学生更好地发展，学生处在整个管理体系的最重要位置。教育管理者需要认真研究教育领域的新事物、新变化，总结规律，把握特点，充分运用新技术、新方法，不断地整合与创新管理方法，提高管理质量，使教育管理更加适应时代的要求，从而有利于学生创新意识和创新能力的提升，培养出更多适应时代需求的具有创新思维的人才。

五、教育管理途径创新

（1）充分发挥学校的主渠道作用。高职学生教育管理要充分发挥学校教育的主渠道、主阵地作用。一是要充分发挥课堂教学在教育管理中的重要作用。课堂教学是教育的主要途径，是大学生系统学习知识、进行思想教育的重要渠道，要充分发挥课堂教学对高职学生教育管理的作用。二是要整合现有思想政治理论课程、创新创业教育课程、健康教育等相关的内容，突出和渗透各门课程中蕴涵的丰富的教育资源，使这些课程教学在培育大学生素养方面更加理论化、系统化。三是要加强校园文化建设，在潜移默化中对大学生产生教育影响。开展丰富多彩、积极向上的科技、体育、艺术等活动，寓教育于娱乐之中，潜移默化地陶冶学生情操、愉悦身心、凝聚人心、激励斗志，培养学生的综合素质。四是教育管理人员多方位进行教育指导，发挥辅导员和其他任课老师的作用。对学生最熟悉的，莫过于辅导员。辅导员是在日常学生管理中与学生直接接触最多的教师之一，他们对学生的个性特征、心理状态等方面都有比较全面的了解，这样的优势就使得他们能对学生进行具有针对性的教育指导。此外，其他任课老师，尤其是专业老师，是除辅导员外与学生接触交流最多的教师。学生愿意与教师就存在的问题进行探讨，任课教师可以利用其自身优势，帮助学生提高理论知识水平和专业技能，引导学生形成正确的"三观"。

（2）拓宽校外教育管理途径。学生受到的影响是来自多方面的，包括学校、家庭和社会。教育影响要形成教育合力，就需要多方面的共同努力。一方面，学校要和家长建立起联系，既了解学生的历史情况，有利于有针对性地开展教育引导工作；又能将学生的在校情况及时反馈给家长，双方共同对学生开展教育。家庭内进行教育有其独特的优势。父母对子女而言具有亲和力，可有效减弱学生的逆反心理，强化教育的效果。家庭教育伴随人的一生，人的成长无时无刻不受家庭教育的影响。优良的家庭教育，不仅能够培养出好的家庭成员，更能为社会培养好公民；不仅能够塑造公民的个体灵魂，而且影响着民族的整体精神。因此，家庭教育在学生发展中发挥着不可忽视的启蒙和熏陶作用。另一方面，开展校企合作，充分利用校外丰富的教育资源，对学生实施教育影响。企业相对于高职院校而言，蕴含着丰富的有形和无形的教育资源，如教学资源、师资资源、德育教育资源等。高职院校在与企业"合作办学、合作育人、合作就业、合作发展"的过程中，对这笔教育财富应该充分加以利用，和企业开展联手合作，开辟高职院校教育管理的新途径，共同做好高职院校学生的教育管理工作。

（3）充分利用网络，开展教育管理。随着科技的不断发展，各种新技术、新工具不断涌现，这些新技术、新工具都是为了让人们的学习生活更加方便舒适。通过信息化校园可以让学生用自媒体网络进行交费、选课、考勤、查成绩、找资料、问答甚至听课等，使学生感受到网络的方便快捷，让他们在网络上学习到丰富的人文、科技知识，提高自身的素质和能力，使他们不再沉迷于网络游戏、网络交友、网络聊天等无谓的活动中，从而形成积极健康的校园网络文化。同时，加强高职学生自我教育的能力，提高学生的道德修养，开展"网络道德"的讨论、"争做文明网人""文明网络大家建"等活动，引导他们正确认识网络生存方式与现实生活的关系，让大学生自觉辨识什么是道德的网络行为，在保持自己个性的同时，应该诚实守信，尊重他人的隐私和劳动成果，保守秘密，不发表不负责任的言论，自觉抵制不良网络行为，争做文明网络人，构建积极健康的网络主流文化。同时，积极组织校园文化活动、实践活动和心理疏导活动，使高职学生能在"网下"实现他们包括友情、认同、交流、释放压力等方面的需求，为其提供增强实践、实现自己价值的机会，减轻对网络的依赖程度。

中篇

高职院校学生教育创新研究

第三章
高职院校学生思想政治教育

思想政治教育是中国共产党在革命及国家建设中，将各项实践活动上升至理论高度而形成的应用科学。虽然我国开展思政教育已经积累了多年经验，对思想政治教育概念的理解也相对成熟，然而不同学者、不同教学背景下的思想政治教育概念仍有细微差别。本文中思想政治教育是思想教育与品质教育的统称，只有同时注重思想与品质的教育才可以使人的道德认识与道德行为不断加强，思想政治教育应当是社会群体中特定的思想体系的延伸，不仅包括政治观点与道德规范，更应当结合高职学生的思想与品德发展规律，有计划、有组织地帮助其形成良好的思想、政治以及心理品质，并将其运用于生活实践。

高职教育指的是由具有独立办学资格的高等职业技术学院或高等专科学校以培养专科层次的高级技能人才为目标而实施的高等教育。高职教育里的思想政治教育指的是"在社会以及相关群体中形成并应用的思想、政治、道德等多方面的观点，这些观点将会对群体中的每位个体起到指引作用，且帮助他们更好地参与到社会实践中，体现出较高的思想道德修养"。高职院校思想政治教育工作，一方面要符合党和国家对高职学生思想政治方面提出的要求，另一方面也要与学生健康的身心发展相一致。

第一节 学生思想政治教育的内容

高职学生思想政治教育是高职院校用一定的思想观念、政治观点、道德规范，对在校大学生施加有目的、有计划、有组织的影响，使他们形成符合一定社会要求的思想品德的社会实践活动。高职学生思想政治教育内容十分丰富，主要包括爱国主义教育、理想信念教育、价值观教育、纪律法制教育和职业道德教育等。

一、爱国主义教育

爱国主义教育是指树立热爱祖国并为之献身的思想教育，是思想政治教育的重要内容。爱国主义是一面具有强大号召力的旗帜，是中华民族的宝贵精神财富和优良传统，是中华民族生生不息、发展壮大的精神动力。千百年来，中华儿女忠诚地承担和履行自己对祖国的责任和义务，在爱国、兴国、报国的伟大实践中实现自己的人生价值。大学生是国家和民族的希望，是全面建成小康社会的主要力量，他们爱国情感的强弱，直接关系到社会的发展，关系到整个国家和民族的前途和命运。因此，在高职院校强化爱国主义教育，就是要引导学生艰苦奋斗、辛勤劳动，不断丰富和发展中华民族的物质文化财富；引导学生反对民族分裂和国家分裂，维护各民族的联合、团结和国家的统一；引导学生在外敌入侵面前，团结对外，英勇抵抗，维护祖国的主权和独立；引导学生同一切阻碍历史发展和社会进步的势力进行斗争，推动祖国的繁荣和进步。

二、理想信念教育

理想信念是立身处世的基石，树立什么样的理想信念，决定了一个人的人生轨迹。理想信念教育是思想政治教育中的一项重要内容，其主要任务是对高职学生进行关于社会主义、共产主义世界观、人生观、价值观的教育，从而使他们了解自己所处的世界，了解自己在这个世界中所处的位置，它能够使一定的个体完成和实现他的社会化过程，从而真正成为一个特定社会中的一员，为一定社会所接纳。高职学生处在人生重要的发展阶段，世界观、人生观和价值观都还没有完全形成。人生观、价值观、世界观与社会主义建设观念契合程度的高低，将对学生的个人发展起到无可替代的作用，必将影响学生对自身发展的认识以及对外界事物的看法。对高职学生开展思想政治教育时，应确保学生明白自己未来该做些什么，应该怎样做，理想信念应作为思政教育首先应解决的问题。早期邓小平同志曾指出，青年的未来就是国家的未来，必须使青年成为有理想、有道德、有文化、有纪律的"四有"青年，首当其冲的就是要"有理想"。只有青年有了理想，其他教育才有意义，否则"建设四化"最终只能成为一句空话。胡锦涛同志曾指出："只有通过不断完善自身，持之以恒地提高自身修养，坚持不懈地朝着自己的理想进发，才可以使自己的人生充满价值与意义，给自己创造美好的未来，为国家与社会做贡献。确保人生航向始终正确无误，将个人成长与国家与人民伟大事业的发展紧密结合，通过实际行动谱写出华美青春乐章。"所以，高职院校思政教育活动必须牢牢地与中国特色社会主义道路结合起来，在不断地理论教学与实践中强化学生参与社会主义建设，让其努力具备完成社会主义建设使命的信心与决心，有为国家与民族未来光明前景而奋斗的勇气与干劲。

三、价值观教育

价值，是一个人在生活、学习、工作中不断追求的物质或者精神财富，然而价值观正确与否直接关乎个人与社会的发展。社会主义核心价值观是国家发展、社会进步过程中凝聚的社会主义意识形态，是评价一个人，乃至整个社会精神财富的重要依据。将社会主义核心价值体系内容融入高职思想政治教育中将帮助学生树立主流价值观，从而形成真正的精神文明。高职院校社会主义核心价值体系的教育可以借助其他系列课程的教学经验，共同探讨开展社会主义核心价值体系教育的根本路径与方法，帮助学生在潜移默化中形成优良的职业道德，从而更好地适应未来实际工作岗位。通过社会主义核心价值体系内容的教学实践，能够帮助学生在重要的人生转折点树立正确价值观，明白什么是有价值的，什么是无价值的。在社会主义核心价值体系的教育过程中，教师应结合学生实际，为其制定差异化的个人发展规划和定位。个人价值应当建立在物质条件基础上，切勿好高骛远，无法落地；另外，还要避免妄自菲薄，不自信。正确评价自我，树立正确价值观可以促进学生学习的热情，借助于相关理论的学习，结合自身情况，制定并建立起远大的目标与规划，保持积极的进取态度与踏实的敬业态度，认真学习本专业对口岗位的职业道德规范，贯彻职业道德教育的相关内容。通过社会主义核心价值体系的学习帮助学生养成良好生活习惯，坚决抵制黄、赌、毒的诱惑，通过学习正反面实例，使学生逐渐成为具有纯洁心灵、高尚品质、优良作风的新时代社会主义接班人。

四、纪律法制教育

当前，在高职院校学生当中不同程度地存在着法制意识淡薄、法律知识贫乏、法制观念不强等问题，甚至个别学生还存在违法乱纪的行为，这不仅严重影响了和谐社会的构建，而且妨碍了学生自身的成长，甚至有些学生因此毁灭了自己的前程。教育和引导高职院校学生增强法制观念，自觉遵守法律法规，是学生成长成才的需要，也是构建社会主义和谐社会的需要。

纪律与法制教育包括宪法及有关法律常识和法规的教育，是知法守法、维护社会稳定、运用法律武器自我保护和抵制违法乱纪行为的教育。要让学生树立起社会主义民主法制观念，培养学生自觉养成遵纪守法的意识，勇于同违法行为作斗争，服从国家和集体的统一意志并具有高度的组织性和纪律性。

五、职业道德教育

职业道德是所有从业人员在职业活动中应该遵循的行为准则，涵盖了从业人员与服务对象、职业与职工、职业与职业之间的关系。随着现代社会分工的发展和专业化程度的增强，市场竞争日趋激烈，整个社会对从业人员职业观念、职业态度、职业技能、职业纪律和职业作风的要求越来越高。大学生是社会主义各项建设事业的后备力量，他们的职业道德水准直接决定着我国各项建设事业的未来。因此，我们要在大学生群体中大力倡导以爱岗敬业、诚实守信、办事公道、服务群众、奉献社会为主要内容的职业道德教育，鼓励他们在工作中做一个合格的建设者。

第二节　学生思想政治教育的原则

在高职院校学生思想政治教育过程中，我们既要继承在长期大学生思想政治教育实践中所形成的有效的原则，又要根据新形势和高职院校学生思想政治教育的新特点加以创新，探索新原则，以适应高职院校学生思想政治教育的新要求。高职院校学生思想政治教育原则主要包括系统性原则、实效性原则、民主性原则和人性化原则等。

一、系统性原则

高职院校学生思想政治教育过程是一个复杂的系统工程，包括教育主体、对象、教育内容和方法等多个基本因素和确定教育目标、制订教育计划、选择教育机制、指导受教育者践行社会要求以及检查总结等一系列基本环节。这些因素和环节按照一定的内在联系构成完整的教育过程体系,高职院校思想政治理论教育中的各个因素组成一个动态的组合。这就决定了整个高职院校学生思想政治教育过程体系必然呈现不稳定性的特征,必须采用系统的方法从整体上对其进行动态的及层次性的把握,也就是必须坚持系统性原则,系统性原则是指系统要素之间相互关系及要素与系统之间的关系,是处于一个整体之中的关系,只有局部服从整体,才能使整体效果最优化。

二、实效性原则

坚持思想政治教育实效性原则,就是强调重视思想政治教育的评价管理,即对思想政治教育的现状及其效果做出评价和判断,以便全面了解思想政治教育决策的执行情况。要求管理者从客观实际出发,对决策方案和教育计划进行可行性研究,在教育过程中通过一系列措施和方法对教育活动进行监督、调控,科学总结思想政治教育成效,建立和完善信息反馈机制与评价机制,使管理者获得准确的信息,便于进行科学分析和正确评价。是否具有实效性是思想政治教育预期目标能否达到的关键,同时也是检测和评估思想政治教育管理成功与否的重要尺度。

三、民主性原则

坚持思想政治教育民主性原则,就是要求在思想政治教育工作中必须始终坚持发扬民主精神、民主作风,坚持民主做法。要尊重受教育者的人格和权利,关心他们的学习、生活和工作,平等沟通,在法制教育和纪律教育的基础上不断改进思想政治教育工作。马克思主义认为,人的主观能动性在实践中发挥着非常重要的作用,规定着实践朝着既定的目标发展。人的主观能动性说明,人在思想政治教育实践活动中绝不会只是消极地接受教育。这要求在思想政治教育中必须平等地看待主体的能动性,坚持民主、平等的原则。

四、人性化原则

坚持思想政治教育人性化原则,是指在思想政治教育工作中坚持尊重人、依靠人、关心人、理解人、发展人的理念并将其贯彻到思想政治教育的各个环节,始终把教育对象的物质和精神需要作为思想政治教育工作的基本立足点和归宿。思想政治教育的主体和客体都是人,人是思想政治教育活动的核心,这就要求思想政治教育工作只有树立以人为本的理念,才能有效进行。

第三节　学生思想政治教育的方法

高职院校学生思想政治教育方法多种多样,随着实践的发展而不断丰富。把握和运用好高职院校思想政治教育的方法,是对高职院校学生思想政治教育者的基本要求。高职院校思想政治教育方法主要包括理论教育法、实践教育法、关怀教育法和激励教育法等。

一、理论教育法

理论教育法是教育主体有组织、有计划地向特定教育对象系统传授我国社会主义主导思想理论知识、促进其积极内化的方法,其目的是通过组织教育对象认真学习马克思列宁主义、毛泽东思想、邓小平理论、"三个代表"重要思想、科学发展观和习近平新时代中国特色社会主义思想,形成正确的世界观、价值观、人生观。理论教育通过教育者的口头语言向教育对象传递马克思主义基本理论、马克思主义中国化的理论成果、党的路线方针政策,是一种口头灌输,主要通过讲授的方式实现。讲授分为讲解式和讲述式两种,另外在高职院校教育实践中,教育者通过组织学生进行研讨,针对学生的观点进行引导讲解也是理论讲授的一种重要形式。

1. 讲解式教育

讲解式教育主要适用于对复杂的理论、观点的讲授。这些理论概念间的逻辑联系复杂、多元,需要进行严密的推理和论述。教育者在进行讲解时,必须对概念间的联系细致分析,抓住要点,理清层次,阐述到位。

2. 讲述式教育

讲述式教育主要适用于对历史事件、政治现象等的描述。这些事件、现象生动形象,教育者绘声绘色地讲述能令学生产生身临其境的感觉,能让学生在无形中产生相对应的政治情感、道德情感。

3. 讨论式教育

讨论式教育的主体是学生,但组织者和引导者依然是教育者。教育者应根据思想政治教育目标和学生实际情况,首先确定学生讨论的主题。根据讨论主题,学生自己搜集资料,形成对讨论主题的分析,再以讨论会或课堂讨论的形式进行讨论。教育者进行理论讲授主要体现在根据学生讨论的实际情况,对学生讨论中基本弄清的问题进行总结提升,对学生讨论中认识欠清晰的问题进一步解释,为学生解决疑点。

二、实践教育法

实践教育法就是组织、引导人们积极参加各种社会实践活动,从而不断提高思想觉悟和认识能力,在改造客观世界的同时改造自己的主观世界的方法。实践教育主要有劳动教育、志愿者服务和社会考察等方式。

1. 劳动教育

劳动教育就是在生产过程中,帮助受教育者树立正确的劳动观点,培养热爱劳动、热爱人民的思想感情,养成良好的劳动习惯的教育。劳动教育的形式包括生产劳动、科学实验、公益劳动、实习劳动等。通过对先进事迹的学习,培养学生忠于职守、吃苦耐劳的优良品质;通过亲眼亲耳感悟企业的历史、文化与成就,进而激发学生树立远大理想,具备改革创新意识;通过实习实训,帮助学生强化学以致用的观念,进而开展纪律观念的教育。

2. 志愿者服务

志愿者服务是运用智力、知识、技能、体力等方式为人们提供帮助、解决困难的活动,是服务者自愿参加的有组织、有目的的实践活动,是实践教育的重要方式,也是一种高职院校学生接触社会的方式,对稳固大学生的思想具有巨大作用。高职院校学生可以积极参与文化、科技、卫生"三下乡"活动,努力为实施科教兴国战略和国家扶贫攻坚计划做贡献;高职院校学生也可以参加大学生志愿服务西部计划,促进西部贫困地区教育、卫生、农技、扶贫等社会事业的发展,拓展就业、创业的渠道,并成为既有现代科学文化知识,又有基层工作经验和强烈社会责任感的优秀青年人才;高职院校学生还可以参加共建和谐社区志愿服务行动,宣扬社会公德,宣传医疗知识、安全法规,提供法律援助,开展助残行动,结成扶贫扫盲对子,配合社区开展精神文明建设,为建设和谐社会贡献力量。

3. 社会考察

社会考察是通过认识社会和研究社会,提高受教育者思想认识和分析社会问题能力的方法。社会考察作为一种实践活动方法运用于思想政治教育,其目的是帮助高职院校学生深入社会实际，正确认识社会现象与社会问题。把社会考察方法用于思想政治教育，是我们党的优良传统。广泛开展改革开放、社会主义现代化建设成果考察等，都是富有深刻教育意义的活动。社会考察不仅使考察者的思想和能力得到提高，而且考察结论对其他人也有启发和教育作用。

三、关怀教育法

关怀教育法强调贴近学生的实际生活与学习，使思想政治教育如同良师益友一般，不断地在学生迷茫的时候为其指明方向，并帮助其建立起长期与短期计划，对学习目标进行细致分解，从而形成层次化的阶段性任务。利用有效的人生观、价值观、爱国主义、社会主义核心价值观、法治观、理想信念教育等，帮助学生将学习和成才结合起来，并将个人发展与祖国的前途结合起来。关怀教育法主要有严慈相济法和三贴近法。

1. 严慈相济法

考虑到高职学生的特点，关怀教育法中的严慈相济法往往能取得良好的教学效果。所谓"严慈相济法"，"严"代表对学生严格要求与训练，"慈"代表无微不至地关爱、帮助学生。只有"严"而无"慈"将会削减学生学习热情，使其缺乏对知识学习的主动性；只有"慈"而无"严"，将使学生做事无原则，教育工作进度跟不上。严慈相济法作为一种重要的教学方法，要求坚持从严育人，严格进行日常管理，严格考风考纪，严格训练；同时还应以慈爱为本，让学生感受高尚的慈爱，从而在个人思想与道德方面得到升华。

2. 三贴近法

关怀教育法中还有一种典型的方法称为"三贴近法"，就是运用"贴近学生，贴近实际，贴近时代"原则开展思想政治教育的方法，该方法兼顾了人性化的教学原则，同时也践行了以学生为中心的教育理念。

四、激励教育法

高职院校思想政治教育的目的不仅仅在于消除学生的思想障碍，更重要的在于通过对学生进行思想政治教育来激发和调动学生的学习积极性，进而能动地参与到以后的工作学习中。高职院校思想政治教育之所以把激励作为新时期思想政治教育中的重要方法，就在于它是调动学生积极性的有效方式。激励教育法主要有奖惩激励、目标激励、信任激励和竞争激励等。

1. 奖惩激励

通过奖励或者惩罚的方式，促进人更加积极地投入工作中，起到激励效果，也可以有效地避免做出错误行为。奖惩激励是以马斯洛需要层次理论为理论基础的，当人的需求得到满足时，将刺激其更加努力地去完成下一个任务。奖惩激励运用于高职思想政治教育中往往能够取得较为理想的教学效果，该方法的实现需要通过奖惩细则的大力宣传，要求奖惩激励具备公平性，通过确定合适的奖惩名额及奖惩程度，使足够的学生具有获奖机会（面临惩罚）。除此之外，还必须重视奖惩的时间，通常奖惩越及时，效果越明显。

2. 目标激励

对于高职院校学生而言，一个目标往往能帮助其明确前进方向，进而一步步达到学校规定的个人发展目标。目标激励法与高职院校思政教育的结合可以使学生学习生活目的性更强。使用该方法应合理设置目标难度，确保通过科学的目标设定，引领高职院校学生一步步走向成功。在高职院校思想政治教育中运用目标激励可以强化学生的主体意识，但目标不易过高，也不易太低，既要具有挑战性，同时，学生实现目标的可能性也要较大。只有为学生树立方向正确、难度合理、具有价值的目标，才可以最大限度激发学生接受思想政治教育的热情。高职院校思想政治教育应当重视目标激励，通过建立目标体系，使学生在不断完成各项目标的过程中，培养高尚的个人修养，提高自身能力，成为为祖国与社会主义建设做出突出贡献，且思想品德崇高的新时代主人。

3. 信任激励

信任激励是指给予学生信任、尊重、支持，使其产生自尊心、自信心、成就感等情感体验，从而激发其积极性、主动性。通过教师对学生的信任、尊重、支持，去理解他们的困难，相信其能力，尊重其人格，支持其创造精神，激发学生的积极性、主动性、创造性。

4. 竞争激励

竞争激励是指充分利用学生的上进心理和争胜心理，通过组织批评、比较等形式营造一种相互竞争、不甘落后、争取优胜的氛围，形成竞争压力，达到激励效果，从而推动学生朝着正确目标努力、奋斗。在思想政治教育中，运用这一方法，就是要利用学生的正确的竞争意识，激发他们的积极性。

第四节 学生思想政治教育的途径

高职院校学生思想政治教育路径的实践展开，使学生思想政治教育的时效性得以实现。随着时代的发展和社会的进步，有的路径被淘汰，有的路径得以发展和完善，还有新的路径不断产生。路径的具体形态更加多样，路径之间的相互联系、相互作用、相互影响更加突出，构成了高职院校学生思想政治教育实践的路径系统。

一、充分发挥课堂教学的育人功能

学生思想政治教育课堂教学是高职院校学生思想政治教育的主要路径，它居于主导地位，是中国特色社会主义教育事业的重要组成部分，是对高职院校学生系统进行马克思主义理论教育的主渠道和主阵地，为培养中国特色社会主义现代化建设事业合格人才和社会主义事业接班人发挥着积极作用。课堂教学主要有启发式教学、讨论式教学和案例式教学等。

1. 启发式教学

启发式教学的核心是在教学过程中激发学生学习的主动性和积极性，调动和培养学生的启发思维，教师在课堂的教学中通过举例子、课堂讨论、提出问题、创设启发情景等方法，在课下通过布置作业、课外指导等各个教学环节指导学生掌握获得知识的方法，培养学生根据需要处理各种信息的能力。启发式教学过程中，教学的中心转移到学生身上，重视调动学生学习的主动性和积极性，教师作用的发挥取决于学生主动性和积极性的调动。

2. 讨论式教学

思想政治理论课的讨论式教学是指在教学过程中，为了实现思想政治理论课教育教学目标，教师引导学生自学、思考有关内容，以系列内容为线索，师生之间以及学生相互之间利用讨论、辩论等形式，通过问题的思辨过程相互启发，达成思想共识，提高思想政治理论水平和能力的一种教学模式。

讨论式教学是以系列问题为线索展开教学的一种教学模式，系列问题是指具有系统理论逻辑联系的问题，是实施讨论式教学模式的核心。讨论式教学是以师生、学生相互之间的自学、讨论为主要教学方法、手段的教学模式，其实质是一种互相启发学习的教学模式。讨论的精神实质是启发式教学思想，通过钻研问题、发言讨论，师生能相互从他人的发言中得到有益的启示，通过启示重新组建自己的知识理解和认知体系，进而获得发展。

3. 案例式教学

案例式教学是指教师根据教学目标和教学任务的要求，运用精选出来的案例材料，使学生进入某种特定的事件、情境之中，通过组织学生对事件的构成进行积极主动的探究活动，从而提高学生创造性地运用知识、分析和解决实际问题的能力的一种教学模式。

（1）"从例到理型"。教师引导学生运用案例，经过分析、讨论和研究，从中发现规律并按照规律解决实际问题。

（2）"从理到例型"。在教师的启发指导下，学生运用基本概念和规律，用案例来解释和证明基本原理，从而获得解决实际问题的能力。

这两种类型的案例教学虽然各有不同，但是都体现和符合认识发展的一般规律，都可以运用到思想政治理论课的教学中来。

二、充分利用社会实践的育人功能

中共中央、国务院《关于进一步加强和改进大学生思想政治教育的意见》明确指出："社会实践是大学生思想政治教育的重要环节，对于促进大学生了解社会、了解国情、增长才干、奉献社会、锻炼毅力、培养品格、增强社会责任感具有不可替代的作用。"因此，加强和改进高职院校学生思想政治教育，必须充分认识社会实践教育的重要意义，研究社会实践的困难和问题，探索社会实践的有效途径和方法。

1. 大力推进高职院校社团型社会实践

社团是由兴趣爱好相同的学生自发成立的，具有自己的目标、组织章程以及活动方式的学生群体组织。社团在社会实践上具有惊人的号召力，高职院校应加强学生社团的管理，引导学生参加积极向上、健康有益的实践活动。

（1）树立以学生为本的服务理念。牢固树立学生思想道德教育以学生为本的观念，尊重学生的主体地位，尊重青年的身心性格特点，遵循学生的成长规律，这是社团做好高职院校学生思想道德教育工作的基础。

（2）建立社团型社会实践的长效机制。社团虽然有自己的目标、组织章程，但是因是学生自发成立，所以各方面均不完善。高职院校应担负其主要管理和引导职责，保证社团的稳定健康发展。学校各部门应坚持"宏观控制，微观搞活"的基本原则，充分发挥出社团对学生实现自我教育、自我管理、自我服务的作用，让社团活动各具特色，形成勇于创新的社团实践活动的新局面。

2. 加强和完善高职院校社会实践组织管理

高职院校要从思想上高度重视，加强对社会实践活动的支持和指导，调动各职能部门进行科学合理的统筹安排，上下结合形成合力才能最大限度保障高职院校学生社会实践的顺利进行。

（1）建立领导机制。设立校、院（系）两级领导机构，建立和完善责任制、督查制、报告制等管理机制，加强社会实践工作领导。校级领导机构要在明确责任分工、优化资源配置、协调工作冲突、进行督促检查、开展专题培训等方面发挥主导性作用；院（系）级领导机构要在策划部署、人员配备、考核评定、社会实践基地建设等方面发挥关键性作用。教学管理部门要抓好属于"第一课堂"的专业实习类社会实践活动；学生管理部门、党群组织要抓好属于"第二课堂"的军事训练类、生产劳动类、社会调查类、勤工俭学类社会实践活动。

（2）建立指导机制。没有高水平的专业指导，就不可能有高质量的社会实践活动。要建立校、系两级指导教师团队。在此基础上，要进一步完善指导机制。一是通过加强课程建设，建立和完善高职院校学生社会实践培训课程体系及课酬制度，来推进校级指导教师团队的知识化和专业化建设；二是通过建立高职院校学生社会实践指导教师进修培训制度和活动补助制度，来推进学校、院（系）指导教师团队的建设。

（3）建立激励机制。社会实践活动的最终受益者是学生。如果学生在活动中没有积极性，只是被动地参与，那么这样的社会实践活动就没有什么时效性可言了。因此，必须从学生在社会实践活动中可以获得什么或者说作为施教者可以通过社会实践活动给予学生什么这个根本问题出发，建立完善的激励机制，才能实现学生从"要我参加"到"我要参加"的转变。

（4）建立保障机制。开展高职院校学生社会实践活动是有风险成本的，也是有奉献的，因此有必要建立学生社会实践投入和风险保障等机制：一是要建立学校、学生和社会三方共同参与的多元投入机制；二是要建立社会化的风险保障机制。

三、充分利用网络平台的育人功能

现代网络环境的迅速形成与发展，为学校思想政治工作网络化的开拓和创新提供了条件。高职院校思想政治教育工作者要对各方面的力量进行整合，深入开展学校网络思想教育，不断创新学生思想政治教育工作的方式和途径。

1. 坚持正确的政治方向

高职院校网站建设应坚持正确的政治方向，在建设中以社会主义核心价值观为基础，社会主义核心价值体系体现了社会主义的本质特征，代表了国家发展和社会进步的价值取向，具有一定的政治性和严肃性。应做到：首先，对教学资源进行审核，坚决抵制不符合社会主义核心价值体系的内容；其次，营造好社会主义核心价值体系教育的氛围，使其对学生产生潜移默化的影响，使学生在思想上接受社会主义核心价值体系并且逐渐内化为自我价值取向。

2. 提高网站吸引力

高职院校思想政治教育网站建设必须在马克思主义指导下，以社会主义核心价值观为引领，充分反映中国特色社会主义理论成果，并结合学校的实际，体现时代精神和创新精神。教育网站在内容和形式上要有创新，使网络思想政治教育的内容更加具有针对性、多样性、灵活性和实用性，也需要更贴近实际、贴近生活、贴近学生，设置范围更广、涉猎更深的栏目，使其符合学生需要，能够解疑释惑，提高教育工作的吸引力和感染力，满足学生成才的实际需求，实现高职院校学生的全面发展。

3. 推进网络团队建设

在我国网络思想政治教育团队中，学校的教育团队是一大亮点。特别是在我国高职院校中，所有参与到思想政治教育工作中的人员都应当受到应有的重视，并需在尊重学生客观需求的基础上组建高效率的教师和管理团队，通过开展学校内部以及学校之间的活动，广泛实施学校网络思想政治教育。肯定人、重视人，充分为师生提供发挥才能的广阔平台，合理利用校园网络，促进高职院校学生综合素养的根本性提升。

党组织是高职院校网络思想政治教育模式中的核心力量。在学生群体中不断发展和培养入党积极分子，发挥学生党员的带头示范作用，积极展开学习讨论，对在使用互联网过程中学生群存在的各种问题做到及时跟进、有效解决，用马克思列宁主义、毛泽东思想、邓小平理论、"三个代表"重要思想、科学发展观、习近平新时代中国特色社会主义思想武装头脑，对网络上的不良信息产生抵抗力，使学校网络思想政治教育始终向着正确的目标迈进。

辅导员是高职院校思想政治教育队伍的重要组成部分。无论是在思想政治教育中，还是在学生日常生活中，辅导员都起到了重要的引导作用。他们除了在学生思想上把关外，还要关注学生日常生活，配合任课教师高效率完成专业课以及思想政治教育方面的教学目标。

四、充分利用校园文化的育人功能

校园文化作为一个由师生员工、校园景观等众多独立要素构成的开放系统，在促进高职院校学生社会化中构成了"隐性课程"，常常强烈地表现出调节约束功能、集体意识功能和教育导向功能，是思想政治教育富有成效的途径之一，具有坚定信念、涵养德行、开阔胸襟、启发智慧、提升情趣、健康身心的作用。

1. 加强校园文化建设

环境在育人中的作用不应忽视，在校园文化建设中，要加强自然环境和人文环境的建设，突出环境在高职院校思想政治教育中的育人功能。

（1）加强校园环境建设。校容校貌建设包括学校的建筑风格、绿化美化程度、自然风景特色、环境整洁水平、设备现代化层次等物质文化的建设。校园内应有与本校相关的名人、名师雕像，主题文化广场，文明标志牌等。建设校园物质文化，不仅要通过学校前辈的名言在精神上给予学生鼓励，而且要通过精致的学校建筑、格局来培养高职院校学生的审美情趣，强化学生辨别美的能力。

（2）加强人文环境建设。校园的人文环境建设主要通过校史、黑板报、宣传栏、校训、标语等形式向学生进行精神传递，以起到对师生人文情趣的引导作用，从而形成高职院校学生对自己学校最为自豪的精神文化。

2. 加强组织及制度建设

高职院校校园文化建设不仅应调用外部环境的力量，还需要内部规章制度框架的支撑，从而形成内外合力与共识，促进校园文化环境的协调发展。

（1）加强组织领导。在高职院校文化建设中，政府可以利用间接的宏观管理方式，从自身职能的角度促进其建设发展。一是政策方式，通过制定相关政策引导学校进行文化建设；二是经济方式，通过制定相关政策奖励和招标等教育经费分配过程中通过合理的倾斜来调整提高文化方面的投入；三是信息服务的方式，通过提供信息服务来使学校有选择地决策自己的行为；四是监督评价方式，政府教育部门通过检查、鉴定、评估等活动来对文化建设情况进行检查监督。

（2）完善校园制度。良好的高职院校制度建设既能起到激励和约束作用，形成良好的校风、教风、学风，又能全面协调学校上下各部门及全体教职员工的关系，实现科学管理，形成师生成长的精神家园。一是以质量为核心，形成和实施全面质量管理制度。以实施学校全面质量管理为核心，在学校质量管理的点、线、面上，从学校发展目标确立、工作计划制订、考评督办检查到奖励惩罚等都形成一整套系统、全面、协调的管理制度。二是以规范为坐标，形成和实施教学管理制度。建立健全规章制度，规范教师备课、上课、实训、作业批改、命题、阅卷等一系列教学行为，使教师增强责任心和自觉性，并进行合理的奖惩制度，营造良好竞争意识的教风和学风。三是以成长为指引，形成和实施学生教育制度。高职院校应不断加强德育工作，注重德育的主动性、针对性、实效性，逐步形成学生的文明行为养成和守纪教育，民族精神、集体主义、爱国主义和民主法制教育，学生个性发展教育和心理健康教育，学生的实践能力和创新精神教育等各项德育制度。

第四章
高职院校学生法纪安全教育

大学生是社会主义现代化的建设者和接班人,是国家的希望和未来。大学生的国家安全意识如何,关系到国家能否长治久安。高校担负着为国家培养合格社会主义事业建设者和接班人的历史重任,在新形势下对大学生进行国家安全教育是十分紧迫的任务,也是高校义不容辞的教育责任。党的十七大报告指出:"要完善国家安全战略,健全国家安全体制,高度警惕和坚决防范各种分裂、渗透、颠覆活动,切实维护国家安全。"为此,必须加强大学生法纪安全教育,使其时刻保持高度警惕,自觉承担起维护国家安全的责任和义务。随着我国高等教育的迅速发展,高校办学规模不断扩大,校园社会化现象日趋明显,大学生与社会的接触不断增多,社会上的不良现象在校园里时隐时现。一些危及大学生的人身财产、诱发大学生违法犯罪等情况在高校也时有发生。加强对大学生的安全防范教育和遵纪守法教育,使大学生自觉树立安全防范意识和自觉遵纪守法意识,成为目前高校学生管理工作中的一项重要任务。安全知识和防范技能是大学生知识结构的重要组成部分,安全意识和安全责任是大学生人文素养的重要内容,法律意识和法律观念是实现大学生"全人发展"的前提条件和根本保障。从教育理念上讲,缺少安全知识,不具备安全意识、技能、素质和安全责任的人不能称其为"全人"。高校安全知识教育是高校思想政治教育的重要内容,是大学生综合素质体系不可缺少的组成部分,是大学生自我完善以及依法治国、社会稳定的重要保证。当前高校学生安全方面普遍存在三方面的问题:一是缺乏社会经验,二是缺乏安全防范意识,三是缺乏对社会消极因素的抵御能力。少数学生对是非、美丑、善恶辨别能力不强,道德法纪观念淡薄;部分学生对安全基本知识和基本规范了解甚少,生存自救能力差,特别是对突发事件没有充分的心理准备和自我保护意识,应变能力差。

第一节 学生法纪安全教育的内容

从大学生法纪教育的内涵分析,大学生安全法纪教育的主要特征:在教育主体上,对大学生进行法纪教育的是高校的管理者和教育群体,既包括学校管理者,也包括辅导员、班主任、授课老师;在教育对象上,主要是指在校大学生,包括法律专业和非法律专业的大学生;在教育性质和地位上,大学生法纪教育属于大学生思想政治教育的重要任务和内容;在教育目标上,强调通过有组织、有目的的教育,提高大学生法纪认知水平,培养大学生良好的法纪情感,帮助大学生树立坚定的法纪信仰,促进大学生自觉践行法纪规范,使大学生成为有理想、有道德、有文化、有纪律的社会主义事业建设者和接班人。高职院校学生法纪安全教育内容主要包括普及法律知识、培养法律意识、提高法律能力和加强安全教育等。

一、普及法律知识教育

所谓法律知识,就是指教育主体在实践和理论学习的过程中获得的关于法律的经验和认识的总和。对大学生进行法纪安全教育的首要内容,就是对他们进行法律知识的普及,系统地向他们讲述我国法律的基本内容和重要理念,让他们掌握基本的法律知识,了解国家宪法和一般法律的基本规定和主要精神,从而为指导法律实践奠定良好的基础。

1. 宪法方面知识的教育

宪法是一个国家的根本大法,在整个国家法律体系中处于核心地位,具有最高的法律效力。宪法是依法治国的根本依据。我国大学生法纪安全教育的核心内容,就是对他们进行宪法教育,使他们理解宪法的基本原则和主要内容,同时认识到我国社会主义法治建设面临的艰巨性和长期性难题。对大学生进行宪法的普及教育,是纲领性和导向性的。

2. 普通法律法规的教育

普通法律包括民事法、行政法、经济法、社会法、刑事法和诉讼法等。

大学生普通法律的教育,就是让他们运用马克思主义法学的基本观点和理论知识,有针对性地掌握普通法律法规的基本知识和理念。如果不是法律专业的大学生,就不可能详细掌握所有法律的基本知识,所以对大学生进行普通法律法规的教育,并非让他们全面掌握法律基本知识,而是在法律教育的过程中让他们树立维护法律的权威性和依法行事的意识,增强守法观念。在教育的过程中,尤其要重视程序法方面的教育,因为一旦他们掌握了程序法的基本内容,就会懂得利用法定的程序观念来看待实践中的法律问题,从而能够依法维护自身权利和法律的正义性。大学生在走上社会大舞台后,多多少少会遇到各种纠纷,如果他们有很强的法律意识,依照法律规定的程序合理维护自身的权益,就可以避免纠纷的进一步扩大。

二、培养法律意识教育

法律意识是指人们对法律相关制度和法理的一种心理反应,是他们对之进行评价的总称。知识与意识不同,比如具备了科学知识并不意味着就一定具备了科学意识;同理,掌握了法律知识也不等于就具有了法律意识。法律意识是对法律的主观认知,没有这种认知,机械地背诵一些法律知识,解决不了实际问题。所以,在推进大学生法纪安全教育过程中,必须要增强他们的法律意识,使他们树立法律信仰,从而适时、有效地将法律知识用于实践。

1. 宪法意识教育

宪法是国家的根本大法,宪法意识是法律意识的最集中体现。宪法意识是指人们在掌握宪法知识和原理的基础上,对宪法功能的主观认知、对宪法实施效果的评价、对宪法行使情况的感受,等等。只有树立宪法意识,宪法的实施才会有精神力量的支撑,社会主义民主化、法治化建设才能顺利进行。宪法意识教育在大学生的法纪安全教育过程中发挥着极为重要的作用,如果没有宪法意识,大学生的整个法律意识就会缺乏支撑力量。对大学生进行宪法意识的教育,需做到:首先,应使大学生在学习宪法的过程中树立宪法至上的观念,维护宪法的权威和尊严;其次,培养大学生尊重法律、依法办事的意识,自觉地树立依法治国的理念;再次,让大学生具备民主和平等的现代精神,树立科学的公平观和正义观,摒弃落后的等级思想和特权理念,增强自身的正义感和使命感,并能够利用法律来处理自身及身边的不公平问题;最后,增强大学生的权利意识,让他们时刻将自己视为权利的主体,积极行使法律规定的权利,以维护自己及其他权利主体的切身利益。

2. 权利义务意识教育

权利与义务是法律体系中不可分割的两个方面,法律必须通过权利和义务的结合才能调整人的行为与社会关系，权利的主体同时也是义务的主体，所以权利和义务贯穿于法律现象的每个环节和法律行使的全部过程。对大学生进行法纪安全教育，必须要强化他们对权利和义务的统一性意识。具体来说，就是要做到：首先，使大学生认识到权利与义务的不可分割，任何公民在享有一定权利的同时也必须承担相应的义务，没有不享有权利的义务，也没有不承担义务的权利；其次，让大学生在了解更多权利的基础上增强行使权利的自觉性，以更好地保障自身的合法权益；再次，引导大学生对一些权利现象进行合理的道义评价和价值判断，从而树立正确的权利价值观；最后，增强大学生对法律神圣性的情感体验和对法律的真诚信仰，培养大学生对权利的推崇情感。

三、提高法律能力教育

法律能力是指大学生在运用法律来规范自身行为、解决矛盾冲突和维护合法权益过程中表现出来的能力总和。能力的培养不可能一蹴而就，它是主体在不断的实践中习得而成。法律能力也是法律主体在知识积累的基础上，通过不断的实践而逐渐形成的。掌握了法律知识，并不能自动地转化成法律能力，这就需要主体灵活运用知识于实践，实现知识向能力的转化，或实现感性认识向理性认识的飞跃。所以，法律能力处于法律素质谱系中的较高层次。对大学生而言，需要掌握几种法律能力：首先是守法能力，即在守法意识的指导下形成的依法办事、遵纪守法的好习惯、好行为；其次是用法能力，即在自己或他人的合法权益遭到侵害时能够运用法律来保护自己或他人合法权益的能力，这是法律能力中的核心要素。大学生一旦掌握了这种能力，就会习惯于通过法律的正当途径来解决现实中的矛盾和纷争，有利于减少违法犯罪现象；最后是护法能力，即大学生勇于维护法律尊严，敢于同一切违法犯罪行为做斗争的勇气和能力。

四、树立安全观念教育

大学生安全问题不仅直接关系到千家万户的幸福，而且直接关系到校园安全和社会稳定。大学生安全教育不仅是大学生思想政治教育和素质教育的重要内容，而且是保障大学生安全、维护校园安全和社会稳定的重要措施。大学生安全教育内容概括起来主要有人身财产安全教育、心理安全教育、网络安全教育和国家安全教育等方面。

1. 人身财产安全教育

人身安全主要是指个人的生命、健康等与人的身体直接相关的方面不受到损伤和侵害。大学生在日常的生活中也会面临各种威胁，如烧伤、烫伤、运动损伤、交通事故等意外伤害，抢劫、诈骗等人身伤害。一方面，需要引导大学生珍惜、热爱生命，积极乐观地对待生活，凡事要冷静、包容；另一方面，要向大学生普及用电、用火等安全常识。大学生除了会面临人身安全外，还会遇到财产安全问题。要引导大学生提高警惕性，妥善保管好个人贵重物品，在宿舍内不擅自留宿外人，在教室内注意保管好手机、钱包等，同时拒绝非法传销，谨防上当受骗。不断强化自身安全意识，增强鉴别能力，加强与领导、老师、同学之间的沟通，时刻保持一种认真、谨慎的生活态度。

2. 心理安全教育

由于社会压力大、生活节奏加快，尤其是学习压力、经济压力、就业压力以及家庭环境和个人经历等诸多因素，使一些大学生产生各种各样的心理问题。大量的研究统计表明，相当一部分大学生心理上存在不良反应和适应障碍，心理障碍的发生率呈上升趋势，表现形式为焦虑、恐惧、忧郁、冷漠、偏执、暴躁、消沉等，情绪色彩和偏激行为十分强烈。因此，学校要特别重视学生的心理安全教育，培养学生健康的心态。要有针对性地对其进行人际关系教育、环境适应教育、健康人格教育、心理卫生知识教育、挫折应对教育以及心理疾病防治教育。把安全教育与心理咨询有机结合起来，有目的、有针对性地做好安全防范教育，使学生安全教育迈上新的台阶。这对提升大学生的心理素质、预防心理问题的产生、促进健康人格的全面发展与完善，有着十分重要的作用。

3. 网络安全教育

随着计算机网络技术的飞速发展，利用网络进行的违法犯罪行为日益增多。大学生涉及的网络犯罪主要有两种：一种是参与网上的违法犯罪行为，另一种是网上购物或网上交友被骗，其人身、财产安全受到网络违法犯罪行为的侵害。在新媒体传播趋势的影响下，互联网、手机和多媒体软件的发展也出现了变动，传统媒体形式逐渐淡化，各种新型的便捷的网络传播形式的出现，满足了当前大学生的实际需求。学生在感受互联网方便快捷的同时，也受到了不同程度的影响，为此，首先应当加强网络法律知识的教育，通过网络法律知识的学习，使大学生认识到哪些网络行为是非法的，是法律严令禁止的，以免大学生由于网络法律知识的欠缺，参与到网络违法犯罪活动中去。再者就是加强网络安全教育工作，需要教师从实际情况入手，帮助学生树立正确的世界观、价值观、人生观，使大学生懂得如何在网络中保护自己，不要轻信他人，更不要随意地接受他人的邀请，或将自己的相关信息告知他人，避免上当受骗，增强自我保护的意识，促进学生的整体发展。

4. 国家安全教育

用社会主义核心价值体系引领社会思潮，是坚持走中国特色社会主义道路的必要要求。然而，境外敌对势力为了分化、西化社会主义中国，采用各种手段进行破坏活动，如在大学校园里传播反动思想；利用各种渠道灌输西方政治经济模式和一些不良的价值观念，制造谣言，煽动师生不满情绪等。大学生是未来国家建设的中坚力量，同时也是境外敌对势力推行"和平演变"战略的重要目标。大学生的国家安全意识如何，将直接关系到国家的稳定与否和社会主义社会建设的成败。大学时代是世界观、价值观、人生观形成的重要时期，也是国家安全意识养成的最重要的时期。因此，对大学生实施国家安全教育，增强大学生的国家安全意识，构筑牢不可破的精神长城，对于维护我国的国家安全具有深远的现实意义和战略意义。

第二节 学生法纪安全教育的原则

近年来，我国高校高度重视大学生安全教育，采取多种有效措施，做了大量工作并取得了积极成效。随着全球经济化、信息化和高等教育大众化不断推进，高校外部环境和内部环境发生了很大变化，大学生安全问题出现了许多新情况，安全教育面临许多新问题，突出表现为大学生安全教育体系不够科学、不够健全、不够有效。科学、健全、有效的大学生安全教育体系既是大学生安全教育发挥应有作用的重要基础，也是实现大学生安全教育可持续发展的重要保证。深入开展大学生安全教育体系研究，对于增强大学生安全教育时效性、维护校园安全稳定、促进社会主义和谐社会都具有十分重要的现实意义。

高职院校学生法纪安全教育的原则主要包括主体与客体相结合原则、理论与实践相结合原则和大众与个体相结合原则等。

一、主体与客体相结合原则

一般而言，教育者是教育主体，教育对象是教育客体，但教育对象并不是被动地接受教育影响，他们在教育过程中也在不断进行着自我教育。从这个角度分析，教育对象在教育过程中发挥着重要的作用。教育者和教育对象相互规定、相互依存，但由于教育者和教育对象作用方式不同、角色定位不同、任务侧重点不同、活动方式不同，所以在教育过程中坚持教育和自我教育相结合符合教育规律。

在高等教育大众化背景下，由于高职教育资源有限，大学生法纪安全教育既要教师以及党团组织的教育引导，又要调动大学生充分发挥其主观能动性，引导他们自我管理、自我教育和自我服务。一方面，在大学生法纪教育安全过程中，教师、党团工作人员应该发挥模范带头作用，感染和影响大学生，以促进大学生法纪观念和安全意识的不断增强；另一方面，注意用不同的方式调动大学生自我教育的积极性，充分发挥大学生在法纪教育中的主观能动性，促使他们把学校老师和党团的要求变为自己努力的目标。

二、理论与实践相结合原则

理论与实践相结合的原则是党的思想政治教育的优良传统。应用到教育中，就是要做到书本知识与实际知识相结合，学习理论与参与实践相结合，使学生掌握比较全面的知识和运用知识于实践的能力。理论与实践相结合的原则是由教学目标要求所决定的，也是由教学认识活动的规律和特点决定的。这要求理论教育要结合实践进行，要有实践环节来配合；实践教育要有明确的教育目的，要以理论为指导。在大学生法纪安全教育中，既要重视课堂教育，又要注重引导大学生深入社会、了解社会和服务社会。具体来讲，在高等教育大众化背景下就是要立足大学生的思想实际和大学生法纪安全教育的客观实际，通过调查研究，搞清楚大学生法纪安全教育内部与外部的联系，从中探寻大学生法纪安全教育的内在规律，以此指导大学生法纪教育活动，提高大学生法纪安全教育的针对性和实效性。

三、大众与个体相结合原则

教育者对所有的教育对象进行教育体现了大众性，教育者根据教育对象的不同特点进行教育体现了个体性。教育不是为了达到某种共识而泯灭个性的过程，而是教育者和教育对象平等对话、教学相长，充满着交锋和积极冲突的过程。在高等教育大众化背景下，教育者应该一切从实际出发，承认学生个体差异，依据教育对象不同的思想状况，区别对象，做到因材施教，进行分层次教育，鼓励先进和照顾多数相结合，既体现先进性要求，又体现广泛性要求。在大学生法纪安全教育中，既要从整体上加强和改进大学生法纪安全教育，又要根据大学生这一特殊群体不同年级、不同专业的特点进行有的放矢的教育。这就要求重视调查研究，深入实际，做好摸底工作，准确了解和掌握大学生法纪安全教育现状，做到从整体上进行规划，以便更好地统筹安排，从而针对不同年级、不同年龄的大学生确定不同的教育目标和方法。与此同时，要营造良好的氛围和条件，满足不同大学生的个性、专长和特长发展的需要。

第三节　学生法纪安全教育的方法

安全是高等学校进行教育改革和教学、科研等项目工作的最基本条件，也是师生员工进行工作、学习和生活的最起码需要。因此，加强高校法纪安全教育，是维护高校政治稳定和治安稳定的重要环节。高职院校学生法纪安全教育的方法主要包括管理责任教育法、防范整改教育法、安全职能教育法、法律知识教育法、安全意识教育法、安全知识教育法和网络安全教育法等。

一、管理责任教育法

加强学校各方面的行政管理工作，是消除不安全因素、堵塞犯罪空隙、减少校园治安问题、建立良好校园秩序的重要手段。为了达到安全目的，进行安全管理教育必不可少。首先，继续贯彻《内保条例》，要组织学校各级党政领导和师生员工进一步认真学习省、市人大制定的《机关、团体、企业、事业单位治安保卫工作条例》，特别要做好一、二、三级治安责任书的鉴定工作，通过学习和签订仪式，把安全管理的责任落实到治安责任人身上，从而推动安全管理工作的进行；其次，进行内部安全管理教育，进一步严格内部安全管理制度，在严格制度中加强安全管理教育，在教育中严密内部安全管理。

（1）领导责任教育。学校领导应把法纪安全教育当作一件大事来抓，在布置工作时，首先树立"安全第一"的思想，把安全教育同学校的改革和教学、科研等项工作同时布置、同时检查，真正把安全教育列入重要议事日程，摆到重要位置。

（2）逐级责任教育。主要是抓好学校二、三级治安责任人的安全教育，正确处理好安全与工作的关系，当二者发生矛盾时应服从安全需要，决不能盲目蛮干，并通过他们把安全教育落实到各院（系）和处室。

（3）岗位责任教育。在各岗位上的师生员工是发现不安全因素的直接人员，他们发现得早、消除得快，学校安全就有了保障。因此，在安全教育中必须要进行岗位责任教育，使他们树立安全意识，即在各种岗位上的师生员工都要承担保障安全的责任，在做好业务工作的同时，做好安全工作。

二、防范整改教育法

不安全因素是各类案件和事故的始发源头，及时进行安全整改教育，提高消除不安因素的整改率是安全的保证。要将自查自纠教育同边整边改教育相结合。对发现的不安全因素一时整改不了的，要采取安全防范措施，绝对保证不出问题，同时制订整改计划，限期完成，决不敷衍了事，拖而不改。

抓安全防范整改教育工作，一是要做好维护稳定的教育，即进行维护政治稳定和社会安定的教育，及时预防和阻止境内外各种敌对势力和敌对分子的阴谋破坏活动；二是要做好消防安全教育，以宣传《中华人民共和国消防条例》为主线，运用典型火灾事故，结合学校实际情况，开展各种消防安全教育，树立依法治火的观念，最大限度地减少各类事故的发生。

三、安全职能教育法

以师生员工为主体进行安全保护教育，在教育中要帮助他们正确认识和区分好三个关系：（1）自我保护与自我安全的关系。在安全保护中要发挥自我的作用，做到做好自家事，看好自家门，管好自家人。要发扬敢于与不法分子做斗争的精神，通过自身的斗争来保护自己；（2）自我安全与学校安全的关系。学校安全包括每一个师生员工的安全，自我安全组成了学校的安全，学校安全了师生员工的安全就得到了保障。作为个人要从自我做起，在保证自我安全的前提下，促进学校的安全；（3）学校安全与社会安全的关系。学校安全是社会安全的组成部分，学校安全搞好了能起到"以内保外"的作用，社会安全了又能取得"以外保内"的效果，更加使学校安全有了保证。

安全教育是学校安全保卫工作的重要工作之一，保卫部门是学校安全保卫工作的职能部门，在安全教育中保卫部门应发挥安全职能教育的作用。应当为学校领导当好参谋，对安全教育要达到的目标、授课的内容、运行的途径、实施的办法要拿出规划，提出主导意见，供领导决策后在全校实施，真正起到保卫部门在安全职能教育中的作用。

四、法律知识教育法

法律知识教育与安全教育之间存在着密切的关系。必备的法律素养已成为现代市民包括青年大学生立足社会的基本条件。近年来，不断增长的大学生犯罪率和在校大学生受到不法侵害的事例表明：校园并不平静，大学生的法律知识还十分贫乏。加强大学生法律知识方面的教育，增强其法律意识，是一件很迫切的事。法律知识教育是增强大学生法律意识和法制观念的重要途径。通过学法、知法、懂法、守法、用法，达到自觉用法律保护自己、预防和减少违法犯罪的目的，使大学生明确公民的权利与义务，明确合法与违法的界限，明确道德与法律的关系，自觉运用法律维护国家、集体和个人的合法权益。

对学生进行法律知识教育，在于要让每一个大学生真正懂得一个人在行使权利的时候，不得损害国家、社会、集体和他人的权利和自由。只有这样，才能维护自己的权利和自由，才能保证自己的人身和财产安全。对于当代大学生来说，只有单一的专业知识是不够的，还要学好法律知识，以提高自己的整体素质。既要在别人侵犯自己权益的时候善于拿起法律武器维护自己的权益，也要在日常的学习工作中遵守国家法律法规和学校的规章制度，尊重社会公德，遵守公共秩序，爱护公共财产。

五、安全意识教育法

安全意识是社会意识的一种，它是人们心理上对安全需要的反映。根据美国心理学家马斯洛的"需要层次理论"，安全需要是除了人的生理需要之外的最大需要。大学生的安全意识就是通过学习和实践，利用法律保护自己，防范侵害以满足安全需要。广泛意义上的安全意识应该包括安全的责任意识。从根本上说，安全意识是一种自我意识，确切地说，是保护自己免受伤害的意识。然而，当前我国很多大学生的安全意识并不强，且亟待加强。当代大学生具有较强的自立、独立意识，而作为一个特殊的群体，他们生理发育基本成熟，但心理发育滞后；个性趋向定型，但尚未完全开发；社交需求强烈，但社会经验不足。特定的年龄结构、人生经历、生活环境，导致他们一旦离开父母和老师，开始独立面对纷繁复杂的社会时，对可能发生的各种安全问题往往缺乏必要的重视和警惕，给违法犯罪分子以可乘之机。分析发生在大学生中的灾害事故、被盗、被骗等案例，不难发现绝大多数是当事人安全防范意识薄弱所致。

安全教育，不仅要培养学生安全防护方面的能力，也要使他们学会担负应该承担的安全责任。受传统观念影响，许多学生家长总认为，孩子进入高校校门，一切安全问题自然应该由学校负责，甚至许多大学生本人也有这种想法。实际上，这种想法是错误的。根据《中华人民共和国民法通则》的规定，公民年满18周岁就是完全民事行为能力人。目前，我国绝大多数在校大学生的年龄在20岁左右，依照法律规定，他们都是成年人，具有完全的认识和控制自己行为的能力，同时具备相应的自我保护能力，他们应该也必须对自己的行为负责。如果由个人行为造成人身、财产损害的理应责任自负。

随着高等教育作为非义务教育在理论认识上的逐步到位和实践中的逐步体现，使得学生与学校的关系由受教者、被管理者与施教者、管理者的关系逐渐成为一种具有"契约关系"的教育合同关系。在这种情况下，学生本人对自身的安全更有不可推卸的责任。高职院校学生既是学生的一员，也是社会的一员，对于维持学校与社会的正常秩序和安定也具有不可推卸的责任。

六、安全知识教育法

在校大学生的社会经验不足、独立生活能力差、缺乏安全知识、自我保护意识薄弱，被诈骗、被偷盗、被抢劫、被侵害等案例不断发生。随着高职开放办学的深入和高职规模的扩大，高职校园已由封闭的"象牙塔"变为开放复杂的"小社会"。通过课程开设、专题报告、媒体宣传等方式向大学生传授基本的安全防范知识，提高其安全防护意识与能力，是十分必要的。进行安全防范知识教育，不能因为对象是高职学生就想当然地删减内容，要力求全面和科学。高职安全教育涉及的内容很多，概括起来，可以分为以下几方面：

（1）日常生活安全知识，主要包括食物中毒预防、传染病预防、财物保管及防盗、运动损伤预防、烧（烫）伤的救治、触电预防与急救、消防与火灾扑救、酗酒危害及临机处置等方面的知识。

（2）自然灾害与自救知识，主要包括地震、雷击、水灾、风暴、酷暑、严寒等自然灾害的危害与自救或急救知识。

（3）交通安全知识，主要包括交通管理法规、交通行为规范、道路交通常识、交通事故处理常识等。

（4）社会生活安全知识，主要包括人际交往特别是与异性交往的原则与常识，校园暴力防范，求职择业、勤工俭学与社会实践中的自我保护，参加社团活动、宗教活动应该注意的问题等。

更为重要的是，在安全知识与技能的教育过程中，要纠正以往出现过的以知识代替能力的做法，要使学生真正地达到"能力"的水平。通过对上述安全知识系统地讲授、演练，可以使大学生明确安全防范的"应知"和"应会"内容，明确"应当""正当"与"不当"之间的关系和界限，从而使大学生既能有效地保护自己，也能够维护他人的合法权益。

七、网络安全教育法

由于计算机的普及，高职学生几乎人人涉足网络。据一项调查显示，大学生人群中玩网络游戏一年以上，有记忆力下降、视力下降、注意力分散症状的人占到81.2%。经常使用计算机的人中，有31.2%的人患有"干眼症"。长期上网，很容易患上眼睛方面以及脊椎方面的疾病。同时，心理上也会对网络产生依赖，对现实生活失去兴趣，导致学习成绩下降，出现情绪低落、记忆力减退、兴趣丧失、精力不足、焦虑不安等病症。可见，高职学生虽然具有一定的计算机和网络知识，但对维护网络安全的法律、法规、条例，对如何安全、健康使用计算机和网络却知之甚少，网络安全防范意识相对淡薄。一方面，网络信息具有隐蔽性、虚拟性、易变性，对追求新潮的大学生极具诱惑，使得网上受骗事件经常发生。网上黄、赌、毒信息泛滥，对大学生的威胁极大，高职学生正处于人生观、价值观、世界观形成的关键期，如果缺乏正确引导，很容易走向堕落；另一方面，有些学生甚至无意间做出了不安全或危害他人安全的行为，黑客、网上欺诈行为、网上盗窃行为也时有发生。因此，加强网络安全知识教育势在必行。网络安全教育应重点抓好以下几个方面的工作：

（1）加强网络法律法规宣传教育，增强大学生网络安全意识。学校要通过创办网络安全主页，对有关网络安全的法律、法规、条例进行及时的登载，在思想上形成一道能抵御外来反动邪恶势力侵蚀的"防火墙"。

（2）积极开展"呼唤网络文明，净化网络环境"等宣传教育活动，自觉抵制网上有害信息的侵蚀，倡导文明、健康的网络生活。

（3）积极开展网上正面宣传教育活动，用科学的理论占领网络阵地，指导学生的网络学习与活动。教育学生不登录不良网站，不浏览淫秽及内容低俗的网页，不下载、传播反动及具有煽动性的视频和音频，不在网上发表煽动性言论，对个人电子信箱中接收到的反动信件要自觉删除，保证不转发、不投递。

第四节 学生法纪安全教育的途径

高校必须切实加强大学生安全教育，帮助高校学生增强法律法制观念，提高自我安全防范和抵御违法犯罪的能力。安全教育不只是学校保卫部门职责，各相关部门应联合起来共同加强对学生的安全教育，形成齐抓共管的局面。

一、安全教育与安全管理相结合

当前，我国的许多高职存在着以安全管理代替安全教育的现象。单纯依靠安全管理不能圆满地解决高职安全问题，同样，单纯地依靠安全教育也无法保证高职的稳定与安全。在高职院校安全问题上，教育与管理是相辅相成、不可割裂的，其关系可以用一个公式表示：安全=制度管理+安全教育。

首先，对高职学生进行安全教育是一个过程，不可能一蹴而就，需要一段时间才能完成。在这段时间，对学生进行制度性的管理是绝对必要的。学校的各种规章制度都是在多年实践经验的基础上制定的，是保证学校秩序与安全的基本的、必需的手段。尤其是对新入学的学生而言，由于他们对学校周边的治安情况、学校的内部环境了解得还不透彻，遵守学校的规章制度才能更好地保障其正常地学习与生活，保证他人的学习与生活免受干扰。即便学生接受了一定的安全教育，也不是说安全管理就失去了用武之地。安全教育的优势在于增强学生的安全意识,通过引发其自觉意识与自主能力保证学生与学校的安全。完全寄希望于学生的自主与自觉是不可靠的,也是不现实的。在安全问题上,学生既需要教育与引导,也需要管理与约束。在这种意义上可以说,安全问题是一个管理问题。只有与安全管理相结合,高职院校的安全教育才能取得满意的效果。

其次,安全管理在某种程度上也是一种教育。安全教育的目的是改变学生的行为,管理也具有同样的目的。从教育视角上说,管理是一种教育的手段;从管理视角上说,教育是管理的一种手段。两种说法看似对立却同样正确,这并不难理解。各高职院校都制定了一些涉及高职学生安全方面的规章制度,但是,如果不针对这些规章制度加以教育和宣传,不被学生接受,那么就难以落实,效果就很难保证。因此,高职院校应加强教育力度,通过各种形式和途径,如安全教育课程、辩论赛、校园网、广播、板报、消防演练等,把各种安全知识、规章制度转化为高职大学生头脑中的安全观念。没有安全教育,管理难以实行。在寒暑假、实习生实习、毕业生离校、节假日等学生离校外出之际,保卫处与相关职能部门都要坚持"谁主管,谁负责;谁组织,谁负责"的原则,具体落实管理制度,如请销假制度、签订安全责任书制度等,保卫部门昼夜值班,宿管办、学生处严格管理、检查宿舍等,纪律管理制度又弥补了安全教育的不足。只有安全教育与安全管理相结合,才能收到良好的效果。

二、系统教育与日常教育相结合

与一般性的社会教育相比,在高职院校进行安全教育具有一个突出的优势,就是具有组织性与系统性。正是由于高校生活的特点以及高等教育阶段在青少年成长历程中的关键地位,高职院校有责任、有义务以组织化、系统化的方式对学生进行安全教育。在实施高职学生安全教育时,大多数高校都是通过开设专题讲座进行,或者利用广播、电视、橱窗、板报等宣传设施进行。这些做法虽产生了较好的宣传效果,但毕竟是有局限性的,安全教育内容的深度和系统性受到限制。要使高职安全教育规范化,就有必要在高职开设专门的安全教育课程,并建立、健全相应的运行机制。

首先,应建立高职大学生安全教育领导机构,负责高职大学生的安全教育,配备专职或兼职教师进行授课。随着我国教育的发展,以往被忽视的一些教育内容被重新重视,如健康教育、安全教育等,投入资金,配备一定人员从事这项工作，是设置安全教育课程的首要条件。

其次，理顺安全教育运行机制，把高职大学生的安全教育纳入学校的整个教学计划，保证一定的授课时间。高职大学生安全教育授课时间不能局限于新生进校时间，应根据具体情况的变化，每年适当安排一定的课时进行，使安全教育始终贯穿于高职大学生在校学习、生活的全过程。这样做不仅充分体现了政府及高职管理者对高职大学生安全的高度重视，而且有利于学生全面掌握安全知识和防范技能，提高学生的综合素质。在2005年以前，部分高职已经将安全教育设为一门公共课。2006年，北京市将安全教育课设为高职的必修课，并与其他课程一样记入学生成绩册。这种做法取得了很好的效果，应该总结经验，及时推广。

最后，建立和完善保证高职大学生安全教育顺利运行的一系列配套制度，使系统的课堂教育与各种讲座及安全教育活动相结合，从而使高职大学生安全教育得到全面落实。为了配合高职设置系统的安全教育课程，使高职学生安全教育逐步走向规范化、系统化和科学化，必须要编写集知识性、趣味性、实用性于一体的安全教育教材。这是对高职大学生进行安全教育的必备条件。如果没有恰当的安全教育教材，安全教育既缺乏教育的系统性，又缺乏教育的严密逻辑性。因此，必须尽快地编写出具有以思想教育为基础，以法制教育为依据，以典型案例为衬托，以防火、防盗、防事故为主要内容的安全教育教材，以提高授课的系统性、条理性和逻辑性。

除了开设系统的安全教育课程外，为了增强高职大学生安全教育的效果，必须结合学校特点，从不同时期开展形式多样的日常教育。例如，可以举办安全知识竞赛活动，引导高职大学生普遍关注安全问题；可以将高职大学生因缺乏安全防范知识而引发问题的案例编印成册，供学生阅读和借鉴，做到以案施教，对学生起到警示作用；可以根据社会治安形势发展变化的特点，张贴标语或告示，使学生提高警惕，有针对性地做好安全防范工作；可以结合学生自身特点，经常举办安全知识专题讲座或演练，帮助学生掌握安全防范技能；可以将安全教育与其他活动相结合，举办法律安全知识咨询活动，组织主题演讲、文艺演出等活动，普及安全防范知识；可通过让学生直接参加学校安全管理的形式，使学生切实感受安全的重要，从而调动他们自觉接受安全教育的积极性。

三、全面展开与重点突出相结合

加强学生安全教育，既要全面展开，又要有重点地进行，做到点面结合、以点带面。全面展开指高职院校在课程设计、学生管理、校园活动中时时、处处对学生进行安全教育，丰富其知识、提高其能力与素质。但是，全面展开不等于均力、机械地展开，而是强调安全教育要根据不同时期、不同环境、不同事件，有侧重、有针对性地进行。

（1）抓好重点人群及重点个人的安全教育。高职每个年级所面临的主要问题、所从事的主要活动、所具有的主要心理特征都存在着差别，进行高职大学生的安全教育必须要考虑这些因素。仅就心理因素而言，高职大学生的心理状况会随环境等因素的改变而发生变化，高职大学生的心理问题在大学三年的表现不尽相同：大一表现为对环境的不适应，大二则主要是人际关系和情感问题，大三多为就业压力。当然，这种仅是根据日常经验得出的猜测性的认识，不同年级高职大学生的心理状态究竟如何还有待科学的论证，但这依然能给我们一些启示：高职的安全教育在实施中不能"一刀切"，如果能有针对性地对高职学生进行安全教育，其效果自然事半功倍。同时，对经常违反校纪校规的学生，要进行重点教育，防止因严重违反校纪校规造成安全事故。要做好这项工作，不能流于形式，更不能只盲目地灌输，而是要讲究方式，讲效果，要能打动人心，让受教育者内心接受，做到入耳、入脑、入心。

（2）抓好重点场所的安全教育。如对防火、防爆有一定要求的实验室，要教育学生严格遵守实验操作规程，防止意外事故的发生；在人群集中的活动场所，应教育学生懂文明讲礼貌，服从指挥，遵守公共规则，并注重观察场所周围环境和安全通道，避免发生安全事故；在经常发生偷窃事件的食堂、自习室等公共场所要提醒学生妥善保管个人财物，教育他们如何预防、制止偷盗行为。

（3）抓好重点时期的安全教育。重点时期是指易发生安全事故的特殊时期，对高职学生应重点抓好以下几个时期的安全教育：

一要加强大学新生入学时的安全教育。新生刚跨入大学校门时，由于对校园及周边环境情况不熟悉，缺乏安全防范知识，不懂得如何自我保护，最容易发生各类安全事故。新生入学后，对学生进行法制教育、安全教育和国防教育，力求保证每个新生人手一册《高职大学生安全知识手册》，组织他们认真学习。在入学教育时，应针对新生对校园、对当地情况不熟悉的特点,为新生开设日常安全知识专题讲座,给他们介绍学校和本地的基本情况和治安状况,介绍日常安全知识,重点是防盗、防受骗,防外出意外事故、交通意外事故等知识,使新生一进校就具备必要的安全防范意识和能力。进入正式学习阶段后,防火防盗等安全教育也不能放松,通过班主任、辅导员、德育教师等对学生灌输安全知识,不断强化学生的安全意识。

二要加强节假日期间的安全教育。节假日期间,学生思想容易放松,易发生财物被盗、火灾、食物中毒、溺水、车祸等事故。在此期间要特别强调安全问题,防止各类事故发生。

三要加强学生外出实习、社会实践的安全教育。学生外出实习、社会实践以及毕业生出差、求职、找工作,脱离了学校管理人员的视线,如果缺乏安全意识和自我保护能力,遇事考虑不周,也易发生各类意外事故。

四要加强毕业生离校之前的安全教育。学生毕业离校时期是一个安全事件频发的时期。这一时期,学生的课业已经完成,空闲时间与自由空间骤然增多,许多学生不能合理地利用这段时间。再者,毕业在即,社会活动与交际活动增加,由于就业压力、离别情绪等方面的影响,学生的情绪不稳定,容易发生酗酒闹事、打架斗殴、毁坏公物等事件。在这期间,学校应该有针对性地从多个渠道开展安全教育与心理疏导。

四、知识学习与实践活动相结合

在高职学生的安全教育方面,要注重知识学习与实践活动相结合,一方面要引导学生参与学校的安全管理工作,另一方面要引导学生进行安全教育的组织与实施工作,进行自我教育。

(1)引导学生参与学校的安全管理工作。让高职大学生参与到学校的安全教育与管理中,发挥高职大学生安全教育的主动性,是增强高职大学生安全教育实效性的有效途径。引导高职大学生参与学校的安全管理,至少具有以下几方面的积极意义:首先,高职大学生可以参与到学校安全保卫工作中,了解保卫工作的性质,这样更能配合保卫部门的工作,对学校宣传安全防范方面的知识就能更好地理解和接受;其次,让高职大学生参与到学校日常门卫和巡逻管理中,使他们通过治安管理实践,为其分辨各种各样的人和事打好基础;再次,通过参与实践活动使高职大学生懂得怎样同违法犯罪行为做斗争,提高高职大学生防卫的能力;最后,通过实践经历让高职大学生体会到,治安管理、安全防范要求人人参与、事事关心,不仅要保护自己不受侵害，而且要积极参与、共同关心，才能为自己和他人创造良好的学习、生活环境，这样才能保证自己的人身和财产安全。

引导高职学生参与到各种安全管理活动中，其根本目的是让学生增强安全意识，提升防范技能。开展高职大学生安全防卫的社会实践，就是让学生在学习、生活、工作中参加安全方面的实践，进一步强化安全知识的技能化，使之内化成素质，外现为能力。在参与高职安全管理的形式上，可以通过建立高职大学生治保会、巡逻队、护校队等组织，进行学期中或寒暑假的校园安全协管；可以组成学生自我管理的学生组织，如学生会的舍务部、保卫部等，参与安全值勤、调解矛盾纠纷等工作。这样既增强了学生的安全防范意识、提升了防范技能，又达到了群防群治的效果，同时又起到了构建和谐、稳定校园和促进学生和谐健康发展的目的。

（2）引导学生进行安全教育的组织与实施工作。一般而言，高职院校安全教育的具体形式包括设置专门课程、开设专题讲座，或利用广播、橱窗、板报，或者举行各种竞赛、文艺等活动，其中大多数都可以由学生自己组织开展。与师生之间的交流相比，学生之间的交流要更为方便，更易于沟通。以消防教育为例，消防安全教育一般要做到：一是组织高职大学生学好消防法规，用好消防法规，树立消防安全观念；二是要大力普及消防安全知识，增强灭火技能和火灾发生时逃生、自救、互救本领。这些工作可以由学生自行组织，采用举办消防知识讲座、消防运动会进行相关的图片展览，演示各种灭火器材的使用、常见火灾的扑救方法和不同情况下的逃生自救方法等方式，进行模拟消防训练；还可以通过学生管理部门、学生会等组织学生定期定岗进行学校的安全防火检查工作。这样，既使他们学到的知识有了用武之地，又培养了他们的安全责任意识。

五、舆论传播与环境净化相结合

大学生的安全教育是一个具有长远意义的教育课题，它不仅对防止破坏高职院校及社会安全稳定的行为的出现有着重要作用，还可以指导由于社会的发展使得安全的动态性变化后的安全教育活动，实现安全教育的可持续性发展。对于整个高等教育来说，安全教育必须常规化、制度化。需要不断健全和完善适应高职教育环境变化的安全教育体系，不断规范防止安全事故发生的行为习惯，获取大学生在法律中的安全权益，实现高职教育的安全稳定。这需要高职院校既充分重视安全教育工作的具体实施，科学地规范安全教育内容，又大力地宣传大学生安全教育工作，有效利用网络进行安全教育的宣传，引起大学生对安全教育的广泛关注，建立专门的网站和网页，开辟大学生学习交流的网上论坛，收集大学生广泛关注的信息，传播最新的大学生安全教育知识，引导舆论，在高职院校营造一个人人都重视安全教育工作，处处能感觉安全的存在的大环境。通过行之有效的安全教育过程，使得当代大学生在追求自身安全、财产安全和社会安定中获得一种科学安全知识、安全观念和由制度法规、安全机构带来的一种安全保障。高等学校要发挥大学校园安全文化的功能，通过自身的规律和运行机制，创造特殊形象及活动模式，形成校园宜人、和谐的安全文化氛围，培养、塑造人的安全人生观、安全价值观，形成科学的安全态度，制定安全行为准则和正确规范的安全生产、生活方式，培养大学生的安全文化，使安全教育向更高的安全目标发展。从大学生的安全教育作用出发，在大学生学习期间，发挥安全意识的导向功能、安全观念的更新功能、安全文化的凝聚功能、以人为本的激励功能、安全行为的规范功能和安全知识的传播功能。具体理解为，对大学生安全教育的认识，必须通过高职院校进行安全文化的宣传和教育，使广大学生逐渐明白正确的安全意识、态度和信念是什么，如何树立科学的安全道德、理想、目标、行为准则等，提供正确的指导思想和精神力量，使大学生都懂得自己的行为和习惯已成为安全生活的重要因素，提高大学生的安全素质；以公众、社会和学校的安全行为为导向，在新的观念和意识面前，指导大学生自身的行为活动，再形成新的认识和观念。

安全文化是以人为本、尊重人权、关爱生命的大众文化，是保障公民安全与健康的物质和精神手段。高职院校与社会都要义务为大学生的安全与健康创造条件。遵纪守法、尽职尽责、珍惜生命、爱护人民，以独特的安全文化体现尊重人、爱护人、信任人的理念，建立平等、互尊、互敬的人际关系，树立一种共同的安全价值观，形成共同遵守的安全行为规范。通过对大学生进行安全文化的宣传和教育，将会加深大学生对安全规章的理解和认识，对他们进行各种传统和现代的安全文化教育，包括各种安全常识、安全技能、安全态度、安全意识、安全法规等，在功能上形成自觉的、持久的约束力。由此，在大学校园中形成一种健康向上的安全文化。

第五章
高职院校学生心理健康教育

心理健康教育工作是学校教育工作的重要组成部分，学校德、智、体、美等方面都受到它的制约。可以说，缺乏心理健康教育的教育是不完整的教育，缺乏心理健康的教育工作是不完善的工作。

高职院校开展心理健康教育工作对学生的成长有着十分鲜明的意义，主要体现：第一，实施高职院校学生心理健康教育是时代发展的必然要求。当今世界科学技术日新月异，不难预见，在科学技术的推动下，社会未来发展的趋势将更加迅猛，各领域的人才竞争也将日益严峻。新的社会环境对新世纪大学生的综合素质，尤其是心理素质层面提出了更高、更具体的要求。大学生的心理素质是否过硬，是直接关系到其能否适应21世纪社会的生存和发展的根本条件。审时度势，不难了解，加强高职大学生心理健康教育是时代发展的必然要求，这些活动不仅仅影响高职大学生本身，对未来社会的发展同样具有非常深远的战略意义。第二，实施心理健康教育是职业教育改革的共同趋势。随着教育体制改革的步步推进，高职院校随之诞生。近年来，高校扩招愈演愈烈，高职院校学生的在校人数也随着时间的推移而节节攀高。高职院校作为教育的重要组成部分，逐渐引起社会公众的广泛关注。发展职业教育、培养身心健全的学生已经刻不容缓。第三，实施心理健康教育是每位高职大学生的内在需求。高职大学生的年龄大都在17到22岁之间，还处于青年时期。在这个年龄段，生理和心理都没有完全成型，走过这个阶段他们才会成为真正成熟的人，今后他们会选择什么样的人生，现在是一个岔路口。在这个"岔路口"上，他们会遇到很多的问题和诱惑，亟待正确的指引，而我们就要做好"指引"工作。第四，开展心理健康教育，提高学生心理素质是学校教育的需要。如果学生掌握的技术技能是其谋生的硬件，那么心理素质则是学生谋生的软件。高质量的心理教育工作会为其他教育活动的开展开个好头，会引起连锁反应，对学生的整体教育工作也将会起到积极的促进作用。

第一节　学生心理健康教育的内容

心理健康教育要帮助、引导学生了解科学的心理健康知识，掌握自我心理调节的方法以及如何处理好学习、生活、人际关系、友情、恋爱等方面的困惑，尽早解决学生心理困惑和心理问题，不要让学生的心理问题积攒起来，变成心理疾病，从而对学生的身心健康造成不良影响。

心理健康教育要有所区分，要有所为有所不为。针对对象的不同，如不同层次、不同学科专业的学生，学生中的特殊群体等不同的心理特点，有针对性地开展心理健康教育活动。刚入校的学生面临的主要问题是如何应对中学生到大学生的角色转换与适应。无论是学习环境、生活环境还是人际环境都需要逐步适应，对这些的不适应会导致他们产生心理困惑或心理问题。因此，这就需要帮助他们度过这个适应阶段。大二学生，入学时的不适应已经基本不存在了，他们对环境已经基本适应了，人际关系也稳定了。但是，日常交往中的小事引发的同学之间的矛盾也随着熟悉而产生了；恋爱心理问题也开始出现，严重的甚至会导致自杀事件的发生。高年级毕业生面临的主要矛盾是尽快就业，还是准备专升本，提高自己的学历层次。自己能胜任什么样的工作他们心里也没有底，有的学生就出现了选择恐惧症，希望有人来替他们做出决定。有的学生选择有机会就去试一下，不合适再换一家；有的学生希望家长或者辅导员替他做出选择。因此，心理健康教育工作要与就业指导相结合，引导学生正确认识自己的专业特点和职业特长，客观确定去向和前途，做好就业、升学的充分准备。

心理健康教育内容主要包括积极适应教育、自我意识教育、学习心理教育、情商教育、社交技能教育和意志力教育等。

一、积极适应教育

现代高职大学生普遍存在自我认识模糊的问题。因为部分学生对自身的认知度不高，缺乏准确定位，在面临日益激烈的社会竞争时无力应对。应当帮助他们努力适应从学生到社会的转变，引导学生尽快适应大学的学习生活，提高自己的综合素质。另外，应当使高职大学生充分了解自我，掌握生理行为和心理行为的一般特点，掌握心理减压方法，使自我的心理状况维持在一个积极和健康的水平上。

二、自我意识教育

大学生的自我意识得到越来越多人的重视与关注，正确认识自我是个体发展最重要的前提。自我意识是对自己身心活动的觉察，即自己对自己的认识，具体包括认识自己的生理状况（如身高、体重、体态等）、心理特征（如兴趣、能力、气质、性格等）以及自己与他人的关系（如自己与周围人相处的关系，自己在集体中的位置与作用等）。自我意识具有意识性、社会性、能动性、同一性等特点。自我意识的结构是从自我意识的三层次，即知、情、意三方面进行分析的，由自我认知、自我体验和自我调节（或自我控制）三个子系统构成。自我意识的形成原理包括正确的自我认知、客观的自我评价、积极的自我提升和关注自我成长。人生不同的发展阶段，其自我意识的形成各有特点。作为人格的核心，自我意识是人对自己以及自己与周围世界关系的认识与体验。有理论认为，具有健康心理的人能够正确、客观地评价及接纳自我，使理想自我和现实自我达到完美的统一。正确的自我意识成为促进学生心理健康的重要内容之一。

三、学习心理教育

学习是学生时期的主要任务，也是学生校园生活的主要内容。学习活动影响专业知识和技能的获得，以及学生的心理过程和人格的发展。高职大学生学习基础相对较差，学习动机的形成原因复杂，同时所掌握的学习技能相对有限。因此，对高职大学生的学习心理进行指导，首先就应当使他们了解学习活动的心理特点及基本的生理、心理机制，培养其掌握与高等职业技术学习相适应的学习方法和技能，促使他们不断完善自己的知识结构，形成持续、健康、积极的学习态度和学习动机。通过系统的培训和帮助，让学生能更好地适应高职院校的学习生活，提高学习成绩。

四、情商教育

情商（EQ）是指个体理解和调节控制自己以及他人的情绪的能力。情商教育，一方面，强调对情绪的体验和理解，利益方面更加强调对自身及他人情绪的调节和控制能力。增加对情绪的体验和理解，对形成较强的沟通能力、增强心理韧性、维护心理健康都有重要的作用。另一方面，由于过于频发的情绪波动以及极端情绪体验对学生的日常生活有着非常多的负面作用。因此，对学生进行有针对性的教育，形成他们比较稳定的情绪对于塑造学生健全的人格和健康的心理都有着非常重要的作用。

五、社交技能教育

社交技能是学生在掌握专业技能之外，能够在未来的岗位上适应工作需要，充分发挥工作技能的重要保障。在社交技能教育方面，我们可以集中于对基本社交常识和基本技巧的传授，通过情景模拟的方法帮助学生掌握一定的交往艺术，帮助学生克服内心对社交的恐惧和排斥，同时在学习处理人际关系的过程中形成有独立性、自主性的个体，从过去与家庭的依附关系中独立出来，形成健康成熟的人际交往能力。

六、意志力教育

高职院校学生的意志力普遍不够强，加之意志力是一种在日常学习培训中难以直接强化的个人品质，因此，我们有必要开展对意志力的专项教育。意志力教育是在让学生充分了解意志在个人成才中的作用，以及其自身意志品质特点的基础上，帮助学生克服困难的主观能动性，使其面对困境也能够主动进行自我调节，形成能够承受挫折的抗压能力，增强心理韧性。通过意志力教育，最终使高职院校学生成长为一个能够为了实现既定目标不怕困难、坚持到底的坚强个体。

第二节　学生心理健康教育的原则

心理健康教育，是大学生成才的基础。加强大学生心理健康教育工作是新形势下全面贯彻党的教育方针、实施素质教育的重要举措，是促进大学生全面发展的重要途径和手段。要有效开展大学生心理健康教育，就必须遵循大学生心理健康教育的基本原则。高职院校学生心理健康教育的原则主要包括教育性原则、主体性原则、正面性原则、个性化原则、保密性原则和活动性原则等。

一、教育性原则

教育性原则是指教育者在进行心理健康教育的过程中根据具体情况，提出积极中肯的分析，始终注意培养学生积极进取的精神，帮助学生树立正确的人生观、价值观和世界观。心理健康教育是社会精神文明建设的重要组成部分，要充分体现社会精神文明的特征，以及它的时代性和进步性。所以，针对学生在学习、生活、交往中产生的矛盾冲突及其引发的种种心理问题，以及由此而产生的对社会中的人与事的不满言行、错误观点甚至敌对情绪与态度，教育者不应随便附和他们的观点和思想情感，而应该进行实事求是的分析，明辨是非，帮助他们端正看问题的角度，调整看问题的方法，建立积极的思维模式。使学生在发展良好的心理素质和排除各种心理困扰、解除心理问题结症的过程中，不知不觉地接受辩证唯物主义思想的启迪和共产主义人生理想的教育。可以说，教育性原则比较鲜明地体现了社会主义高校心理健康教育的特点与要求。

二、主体性原则

高职大学生心理健康教育不管如何研究、如何发展，其根本是要适用于每一位学生。我们在确定工作目标和制订教学计划时要考虑到绝大多数学生的利益，应始终面向全体学生，要促进全体学生身心发展。当前，高职大学生心理健康教育工作的主要任务不是像心理咨询机构或者医院那样为个体服务，而是以全体学生为服务对象，以全体学生为主体，帮助学生充分了解什么是健康的心理状态，提高学生的抗压能力和排压能力，在出现轻微心理问题时可以自我调节，在出现自己解决不了的心理健康问题时懂得如何求助他人。所以，在实施心理健康教育过程中，学校应该先明确学生真正需要什么，根据学生的特点，撰写活动计划，成功举办对学生发展有帮助的活动。我们要在活动中最大限度地发挥心理健康教育的教育和引导的功能，组织更多的学生参与进来，学校心理健康教育存在的意义就是要让每一位学生得到均衡全面的发展。

三、正面性原则

我们的高职大学生是明理的,在对他们进行教育引导的过程中要尽量用榜样和正面的例子,不要出现讥讽、嘲笑的言语。例如,我们向学生发放心理健康知识手册、举办心理健康教育讲座等活动都是在正面地向学生传授心理健康知识,以达到正面引导学生的目的,坚决反对粗暴压制、消极防范的做法。教育过程特别要注意被教育对象的层次差异、教育的时机和场合,防止产生反面效果。提高正面教育的针对性,增强教育的效果,切忌偏听偏信、主观武断、盲目指导,这样只会起到反作用,不利于高职大学生形成健康的心理。

四、个性化原则

心理教育工作针对的是整个高职大学生群体,但实际工作中面对的却是一个个具有显著差异、独特个性的鲜活个体。所以,心理健康教育要关注学生的个体差异性,根据不同学生的不同需要、其心理发展所处的不同阶段,开展形式多样、针对性强的活动。在开展心理健康教育时,身处不同年级、不同年龄、不同地域来源的学生之间具有完全不同的特点,他们具有不同的个性特征、社会背景、家庭环境、生活经验以及价值追求,因此,在工作中,我们要承认学生之间的差异性,不带偏见地全面了解学生的详细情况,区别对待具有不同心理特点的学生及不同发展阶段的心理问题,采用多种方法进行针对性强的心理健康教育活动,保证工作的切实有效。

五、保密性原则

保密原则是指心理辅导老师在高职院校开展心理健康教育的过程中,有责任将向其求助的学生的隐私、病历资料等个人信息予以保密,尊重来访者的隐私和维护来访者的利益,未经求助者许可的情况下不得有意向他人透漏,并且在日常工作中也应主动坚持避免任何可能造成泄密的情况。保密原则是心理健康教育和咨询中最为重要的原则之一,只有遵循这一原则,才能保证心理健康教育有针对性地开展,才能够有效地实现其心理健康教育工作目标。

六、活动性原则

在确定高职大学生心理健康教育的内容时，要将学生作为活动的主体，强调要使学生在活动中的心理健康水平得到发展和提高。把心理健康教育的内容融入丰富多彩的学生活动中，举办活动时，要注重活动过程的教育作用。在设计活动时，要重点考虑学生在活动中的参与性，学生参与活动时所能够得到的启示和对学生今后发展的帮助，而不是为了办活动而办活动。

第三节 学生心理健康教育的方法

高职大学生心理健康教育工作可以看成系统工程，方式方法很多，具体可从课堂教学以及课外教育两方面入手，注重日常与平时、指导与教育、帮扶与指导相结合，建立健康的教育网络体系。高职院校学生心理健康教育的方法主要包括知识传授法、学科渗透法、活动训练法、磨砺锻炼法、榜样示范法和心理咨询法等。

一、知识传授法

系统、全面地向高职大学生传授心理健康知识和心理保健技能，是一种最基础和广泛的方法。最重要的是课堂教学、专题讲座、专家报告，除此之外，还可以通过如利用影音资料、组织学习文字材料等方式使学生在各个方面提升自己的综合心理素质。针对高职大学生的教育不应枯燥单一，比如可尝试将课程内容、情景设计、心理实例演绎、具体案例分析、心理测评及自我剖析自述、自我心理活动训练等融合于教学中，使得高职大学生在较为轻松愉快的学习氛围中有所收获，对认知进行矫正，调适心理，潜移默化地接受感染与训练。

二、学科渗透法

心理健康教育不能采用填鸭式的教育方法，要依据学科特点，把心理健康教育化整为零，分阶段拆分，以渗透到日常教学中去。行使这种方式的具体依据是各学科教学虽内容等方面不尽相同，但在认知过程中的心理活动并无显著的差异。在教育过程中，能否取得良好效果在于学生配合度的高低，所以要应用各种手段促使学生积极配合。另外，心理健康教育必须有步骤有策略地融入，让学生在潜移默化中得到提升。

三、活动训练法

应积极指导和组织学生有针对性地展开心理健康教育的相关活动，这也是提升心理健康素质水平的常用方法。这类活动目的性比较强，活动过程是重点，需要特别注意的是选取合适的方法，并且要时刻关注学生的接受程度。通过开展拓展训练，提高团队的协作能力，发掘每个人的最大潜力。既使学生认识到团体协作对于团队目标实现的重要意义，增进了对集体活动的参与意识与责任心，同时也使学生认识了自身的潜能，增强了自信心，改善了人际关系，在游戏的同时，也将活动的体验融入日常的学习生活中，促使其健康成长。

四、磨砺锻炼法

磨砺锻炼法应围绕个体设计方案，这是与其他方法最显著的不同之处。教师应该给学生制定一个具体目标，帮助学生深入分析，让学生获得信心，积极应对挑战。通过这一途径，可以训练学生培养乐观和坚强的主观意志，从而在整体上获得提高。综上而言，这类方式是一种建立在自我意识、自我观念和自我意志基础上的常用的促进心理健康的主要实践活动。该活动可以帮助学生养成坚定的意志，继而促使个体的心理状况更加健康成熟。

五、榜样示范法

教师应首先制定心理健康教育的基本目标，然后利用学生周边或社会的具体的人和事，选取成功案例作为示范，让学生受教育，促使学生自觉自愿地提高自己。这种做法的重点是，教师选取的示范榜样必须具有说服力和可指导性，必须是真实具体的人物或著名事件，教师应该发挥自身优势，指导和帮助学生，使他们对示范案例有深入的理解和认识，养成习惯自觉自愿地进行自我调整和提高。

六、心理咨询法

这种方式直接面对高职大学生个体,是一种与个体单独交流的方法,属于直接交流,对学生改善心理问题大有裨益。辅导答疑是必不可少的,重点是解除疑难问题。心理咨询是解决高职大学生个别心理问题,尤其是有针对性地排忧解难的最有效方式。咨询教师需要注意自身言行,热情饱满,理解尊重学生,尊重学生的隐私。教育引导方法和措施要灵活,沟通方式要平等,不得呵斥学生。心理咨询的主要类别有电话咨询、信件咨询、网络及面谈等几种形式。面谈咨询是最常用的一种方式,它主要包括心理及行为的鉴别和检测,心理行为问题的诊断和分析,心理及行为问题的干预矫治以及心理及行为问题的转化和评估几个方面。心理咨询在实践中,要求教师具备的专业和技术水平较高,因此专门培训是必不可少的,而且人员必须拥有相关工作经验。

第四节 学生心理健康教育的途径

当代高职大学生普遍压力较大。一系列前所未有的问题,如就业问题等困扰着他们,学生无法应对这种压力,心理问题凸显。部分学生相对而言综合素质偏低,素质水准也与一般的本科大学生存在着差异。高职大学生在求职过程中,常常处于弱势地位,这往往意味着他们必须在日常生活中面临更大的心理压力。我们必须清醒地认识到,这种压力不是孤立存在的,而是与社会和家庭密切相关。所以,针对高职大学生所面临的种种问题,积极开展有效的大学生心理健康活动已成为各大高校教学的重点之一。同时,将社会和家庭的因素综合考虑,加强联系,多层面发力。个体是生活在社会大环境之中的,每个人都不可能孤立于环境而存在。只要仍是现代社会的一分子,高职大学生也就摆脱不了社会及家庭的影响。因此,高职大学生的心理健康状况是一个综合作用的结果,每一个作用因素都不可忽视。这项工作需要社会、老师、父母和高职大学生个人共同努力,也只有这样才能让高职大学生心理健康教育工作变得更有效率。

一、优化高职大学生心理健康教育社会大环境

高职院校不是孤立存在的,而是社会大环境中的一分子,校园受到社会

的反制作用很大，学生也不是孤立存在的，也会受到一定的影响。在当今社会，竞争压力越来越大，学生希望通过各种活动实现自身价值，其表现欲和参与意识都处在一个非常旺盛的时期。这些对高职大学生而言无疑是重大考验。考试的失败、择业的失意、评奖的落选等情况可能会让他们产生不利的心理状态和消极思想，继而产生自我怀疑。高职大学生知识层次整体较高，但心理上还不完全成熟。现代社会存在诸多矛盾，个人至上、金钱至上、享乐至上的价值取向，对那些应变能力较差的孩子仍有所影响。这表现为有些学生不关心政治活动，对马列主义、共产主义理想和信念等态度冷漠；不推崇艰苦奋斗和勤俭节约的思想，主张享乐主义和功利主义至上。因此，高职大学生心理健康教育的社会大环境必须不断加以改进和优化，这有着非常重大的现实意义。

二、发挥家庭在心理健康教育方面的重要职能

人的成长受很多因素制约，家庭无疑有巨大的影响作用。人对客观事物的了解，最初都是从家长的言行举止，也就是家庭环境开始的。高职院校的学生在进入学校前，较大程度上受到自身环境以及家长言论举止的影响。学校教育也不可能离开家庭教育而独立存在。没有家庭教育的支持，学校教育质量再好也不易取得明显成效。此外，家庭是一个人在求学阶段的主要经济支柱和精神寄托，它对人的价值观、世界观、人生观的形成有着非常明显的作用，大学生择业或是创业观念也都或多或少受其影响和启发。一个人家庭的背景对其自身发展会产生或大或小的影响，父母对自己孩子的态度也将影响到教育行为的效果。因此，院校应该积极联系在校生的家长，尤其是引导家长对学生创业给予精神鼓励或物质支持，让他们对开拓事业满怀信心和热情，有信心迎接挑战。学生父母应积极配合校方做好心理方面的健康辅导工作。

家庭心理氛围不是孤立存在的，而是在家庭这个比较特殊的环境中，以家长的情绪为出发点，通过整个家庭的人际关系和物质条件、生活习惯、文化品位等各个方面综合得出。每个家庭都是个性化的，拥有不同的情调和气氛。心理氛围比较好的家庭，家长和谐互重，彼此理解，容易沟通，孩子可以获得更多真诚和理智的爱。家长情绪的好坏对心理氛围的营造起决定性作用。

父母无论是消极还是积极的心境都能被孩子感知，孩子会逐渐产生类似的心境，反过来作用于父母，二者互相影响强化，家庭心理氛围的反馈和网

络结构就此形成。如果家长的情绪可以保持一致,心理调适就会变成一项简单的工作。家庭生活里,愉快温馨的氛围可以很大程度地消除孩子从外界感知的紧张感或者压力,孩子可以充分感受到生活的美好,从而使精神更加愉悦。家长只要坚持平等、民主、正面的原则,相互尊重,就能使孩子感受到温暖,促进其心理健康发展。

总之,心理健康教育工作不只是学校的工作范围,而要积极争取家长和全社会的共同参与,形成社会—学校—家庭结合的心理健康的网络系统,使全社会都关心、支持心理健康教育工作。同时,要充分认识家长和社会的作用,保持学校、家长、社会的有效沟通,为学生的成长建立一个健康的环境,共同推进高职大学生心理健康教育。

三、以积极的心理辅导方式促进学生心理健康

心理辅导和咨询的本性源是如何测量人的个性差异,更有效地进行差异教学,发挥人的长处,使人与职业更好地匹配,辅助人的生涯规划,让人拥有更美好的生活。

目前,在高校心理健康教育工作中,心理辅导和心理咨询成为常用的个体辅导方式。高校的心理辅导和咨询方式着重于对有心理问题的同学进行心理困惑的消除和心理病状的诊断。从咨询的情况来看,由于学生心理承受能力差,咨询只是为了满足他们当时的心理需求,当遇到新的问题时他们还会依赖心理咨询,不能做到自我调整。积极心理学认为,要想真正起到预防心理问题的作用,就不能只关注个体身上存在的弱点或者缺陷,而应该更多地去发现和挖掘个体自身的积极力量,调节个体内心的平衡,从而达到预防心理问题和治疗心理障碍和疾病的目的。积极心理学指导人们从两个方面来寻求积极意义,其一是找出自身产生问题的根源,其二是基于问题本身去寻找积极的个体体验,来培养和增进个体自身的积极力量,从而与消极问题进行对抗。高校要把重点放在培养来访大学生自身发展的积极力量上面,通过采用积极的辅导和咨询方式来帮助大学生解决问题和丰富人生。在培养的过程中可以通过运用积极的辅导和咨询方式来提高大学生的认识能力和自我教育能力,更好地与学生相互交流,借此来激发他们的认识能力,使大学生对问题产生积极的认识,使其能借助于积极认识的力量来扩大视野,摆脱心理阴影,保持一种良好的心态;最后通过激发学生积极的情感能力,帮助学生挖掘个人的积极经验和积极潜力,体验成功和成长带来的喜悦,让学生学会自

我发现、挖掘和欣赏，促使有心理问题的大学生能在自我完善的基础上得到自我恢复和自我实现。积极心理学所采用的心理干预技术是积极的，它主要是采取挖掘个体自身所具备的人格力量等积极因素的方式。如在抵御个体心理障碍或疾病的过程中，希望和乐观、积极的自我等都是最好的良药。

从积极心理学的角度来看，只关注个体身上的不足和缺点是不能起到良好的预防作用的，必须要在此过程中塑造个体各方面的积极力量，要发现学生自身的积极潜能，相信学生自己治愈疾病的能力和具有构建良好的心理状态的能力。在心理干预方面，将关注的重点放在心理健康教育积极品质的挖掘上，通过借助大学生自身内部具有的较为完善的塑造功能，做到积极有效地预防多种心理上的问题。例如，对大学生的受挫能力的培养、对压力的心理承受能力以及自我调整心态的能力的培养，以积极的案例来分析，以开展模拟的体验方式来培养学生。这样当学生在遇到挫折、困难、疑惑时就不会被轻易击垮，从而预防大学生各种心理问题的发生。

四、建立积极的高职大学生心理健康自助体系

高职院校可以充分发挥学生自身的力量，建立学生心理自助体系，进行心理健康教育，以达到学生自助和互助的目的。建立自助体系，可以增强学生关注心理健康问题的意识，加强对心理知识的宣传，使其树立正确的观念，积极地面对心理健康问题。建立积极的学生心理健康自助体系可以通过以下三个方面来完成：首先在学校的学生工作部或者团委下设大学生心理咨询中心或心理健康教研室，在其指导下成立学校大学生心理健康教育的学生组织，协助开展全校学生心理健康教育活动；其次是各院（系）学生会成立学生心理部，由学生会组织学生协助学校开展学生心理健康教育活动，同时也可以根据院（系）专业特点开展心理沙龙等活动；最后是以班级为单位，通过学生自愿报名、辅导员选拔的方式选出有爱心、心理素质好的学生组成班级心理成长小组，加强对同学们的关爱，及时反馈同学们的心理动态，将有心理障碍学生的信息及时告知辅导员、各院（系）及学校的心理咨询中心，做到早发现、早干预，及时帮助学生健康成长。

五、全方位地开展高职大学生的心理健康教育

开设心理健康教育课程是高职院校实施心理健康教育的主要途径，把心

理健康教育列入高职院校教学计划是保证其科学性、有效性的最好办法。目前高职心理健康教育课程体系还不完善，心理健康教育只开设了选修课、讲座和心理咨询等，还没有真正地被纳入高校的课程建设中去。

首先，要明确定位。心理健康教育课程要正式纳入高职院校整个教育体系中，成为高职院校课程建设的有机组成部分。学校通过开设心理健康教育课程，确保全体高职学生受到系统的心理健康方面的教育和指导；学校可以根据不同年级学生所要面临解决的不同心理问题，在各年级开设专题讲座。一年级学生面临的重要问题是适应新的学习和生活环境、建立新的人际关系以及重新认识和评价自我。可以举办"新生的心理适应问题""环境适应与角色改变"等专题报告或讲座。考试期间，可以举办"考试的心理卫生""紧张与焦虑的消解"等方面的报告。二年级将是高职学生学习专业基础知识、建立密切人际关系以及对未来做出计划的重要阶段，二年级中出现的问题往往与一年级时的适应状况有着密切的联系，这时的主要问题往往与专业学习、友谊和恋爱关系、社会工作与对未来的计划有关。对二年级学生可举办"自我与社会认知教育""优化成才的心理品质""如何开发心理潜能""如何培养耐挫能力""性心理发展与健康"等讲座。如果他们在一年级时能打下一个良好的基础，那么在二年级时将能更加容易、顺利地解决各种矛盾和问题。三年级以后，随着学生生活经验的增加以及自我的发展，学生处理和应付危机的能力进一步增强，对自己的认识也逐渐全面、客观，分析问题和解决问题的能力也有所增强。这时他们所面临的主要问题是今后职业的选择，要做出职业选择并不太难，然而由于选择和冲突机会的增加，如果没有适当的指导，其出现问题的可能性仍然很大。毕业生离校前，"走上社会必备的心理准备""自信地迈向新生活""择业心理分析与求职"之类的报告就很有必要。这类讲座的对象明确，针对性强，一般较受欢迎。

其次，必须重视和抓好心理健康教育的课程建设。制订教学计划，统一教学大纲。应将心理健康教育列入学校的教学计划，制定课程与活动标准，统筹安排心理健康教育课的内容，制订统一的教学大纲，加强教材建设。应组织编写高职心理健康教育课的教材、参考书、教学辅导资料等，并还要搞好师资培训。高职院校应有计划地对心理工作者进行心理学、心理健康知识的系统培训，加强心理健康教育的管理与指导。建立心理健康教育科研机构，加强心理健康教育的教学研究与心理健康教育活动的指导。

总之，从长远着眼，心理健康教育课程化将成为对学生集体进行心理健康教育的主要途径。当前的任务是应建立一个以心理健康教育为主线，以心理教育课程为核心，以心理素质的全面协同自主发展为目标，以学科课程和活动课程为基础，以自我教育和自主构建为动力的新的课程体系。新课程体系要符合素质发展的规模，即以心理素质的优化去带动整体素质的发展，把知识、能力和个性发展统一起来，把智力与非智力、形式教育与实质教育、教育与自我教育、学科教育和活动课程结合起来，大大增强课程结构的整体性、协调性。心理健康教育课纳入课程体系不仅能引起课程结构发生质的巨变，同时也能为应用心理学的发展开拓新的领域。

六、建设高水平专兼职心理健康教育工作队伍

各高职院校应根据自身的条件建立起专门的学生心理咨询、指导机构，并根据一定的比例配备心理咨询人员，建设一支高水平的专兼职心理健康教育工作队伍，定期开展心理咨询或指导工作，协调全校心理健康教育工作的开展。要建立学生心理档案，分门别类地对学生进行心理研究，对已经发现心理问题苗头的学生，要及时进行谈话、治疗，争取把问题消灭在萌芽状态；对其他学生要定期开展心理方面的讲座，使学生普遍了解自己的心理，对自己做出正确的评价。

高职院校心理健康教育是一项专业性很强的工作，要求教师具有较高的心理健康教育专业素养，实现心理健康教育教师队伍专业化。所以，加强师资队伍建设是做好高职学生心理健康教育工作的关键。

首先，应建立一支专职为主、专兼结合的心理健康教育的教师队伍。目前，我国从事高职学生心理健康教育的人员数量少且素质参差不齐，专职人员少，兼职人员较多，这将对高职心理健康教育产生消极影响，因此，必须改变这种状况，将以兼职教师为主转变为以专职教师为主、专兼职结合的模式。

其次，加强对心理健康教育教师的培训。心理健康教育是一项专业性很强的工作，必须通过培训使教师掌握心理学的基本理论和知识，具备进行心理健康教育所需的知识和能力。一方面，积极开展对从事高职学生心理健康教育工作的专、兼职教师的业务培训，通过培训不断提高他们从事心理健康教育工作所必备的理论水平、专业知识和技能，还要重视对班主任、辅导员以及其他从事学生思想政治工作的干部、教师心理健康方面的业务培训。另一方面，建立长线培训工程，即系统培训专业人员。在心理学学科内设立相应的咨询和临床心理学专业，在具备条件的院校心理学系设置咨询心理学或

临床心理学研究生专业。目前，我国受过系统培训的心理咨询专业人员极为缺乏，从长远看，在心理学领域中设立相应的咨询和临床心理学专业是解决人才短缺的最佳途径。另外，还要逐步建立从事高职学生心理健康教育工作专、兼职教师的资格认定体系，逐步做到持证上岗。尽快出台对高职院校心理咨询员专业化规范要求的相关文件。劳动部2001年8月颁布《心理咨询师国家职业标准》（试行），卫生部2002年颁布《心理治疗师职称考核》，并于2003年6月开始举行正式考试。这两份文件的出台对医疗系统心理治疗师的规范化、专业化具有重大意义。但对于高职院校咨询员专业化的规范要求还没有正式文件出台，教育部门应尽快制定高职心理健康教师特别是心理咨询专业人员任职资格的管理办法。只有这样，才能逐步改变高职院校心理咨询人员层次参差不齐的状况，进一步加强高职院校的心理健康教育。

再次，使学校每一位高职教师树立关心学生心理健康的意识。应对每个教师提出重视对学生进行心理健康教育的要求，使心理健康教育渗透到学校的各个方面、各个环节，尤其是课堂教学中，要创设和构建一个心理健康教育的良好的环境，使每个教师都成为学生心理健康的"保健医生"。

最后，重视教师自身的心理健康。当前，学校心理健康教育主要是针对学生的，而忽视了教师的心理健康，殊不知，教师的情绪、情感会影响到学生的情绪、情感。学校要重视教师的心理健康状况，指导教师运用科学知识调整自己的心态，使自己始终处于一种积极、乐观、向上的平和、稳定、健康的状态，以旺盛的精力、丰富的情感、健康的情绪投入到教育教学工作中，真正成为"人类灵魂的工程师"；要关心教师的工作、学习和生活，从实际出发，采取切实可行的措施，减轻教师的精神紧张和心理压力，使他们学会心理调适，增强应对能力，有效地提高教师心理健康水平。

七、努力创建有利于学生健康成长的校园文化

良好的校园文化是全校师生进行自我教育、自我提高、自我约束的无形力量，对学生心理健康有着巨大的催化作用。创造优良的校园环境，不仅是高职院校自身发展的需要，更是培养高素质高技能人才的需要。高职院校应充分发挥各自的有利条件，努力挖掘其环境潜力，丰富校园文化内涵，提高校园文化品位，为心理健康教育创造适宜的条件。

第一，营造优良的校园文化环境。优良的校园环境具有鲜明的教育作用，尤其是对高职学生个性品德的陶冶和导向功能，是其他教育形式难以代

替的。一个人置身于优美的校园中，可以使郁积在心中的不良情绪得以释放，感情得以抚慰，有利于情绪驱向平衡；也使心灵得以净化，人品美化，感情高尚化，还可以使学习效果得以优化，身心得以健康发展。校园是高职学生学习、生活的主要场所，要使高职学生得到健康成长和发展，必须高度重视营造优良的校园文化环境。高职院校应统一布局、整体规划，在美学、心理学、教育学等有关原理的指导下，对校园进行精心设计和改造，保持校园的优美、高雅与宁静，力求校园的每个角落都能够弥漫着健康向上的气息，使学生始终处于积极影响之中，促进高职学生的身心健康。

第二，开展丰富多彩的校园文化活动。校园文化活动一般指除去课堂教学以外的校园文化活动。如书法、绘画、咨询、演讲等协会、学会活动，以及天文地理、理工农医、文史哲学等方面的兴趣小组活动等。丰富多彩的校园文化活动是培养学生积极向上、健康发展的有效载体，它可以陶冶人的情操、净化人的心灵，使人长期处于紧张的状态有所缓解。高职院校丰富多彩的校园文化活动是最具活力和征服力的活教材，是对高职学生进行心理健康教育的有效形式，可以使高职学生的精神面貌、理想信仰、心理素质等方面得到提升。学院必须正确认识校园文化活动的性质和意义，合理、统筹地安排，认真引导与管理，有意识地将心理健康教育融入校园文化活动。校园文化活动的开展要以高职学生的心理需要为切入点，加强校风、学风、班风建设，形式、内容的设计要尽量考虑学生的心理需要，具有针对性、教育性和可行性，确保心理健康教育的全面性和有效性。活动要能为绝大多数学生所接受，并能得到广大学生的积极响应。活动中，尽可能地营造一种积极向上、团结互助的良好氛围，使高职学生从中学会团结协助，以及形成公平竞争、表现自我的积极意识，感受学生生活的乐趣和成功的喜悦，潜移默化地形成健康心理。

第六章
高职院校学生创新创业教育

创新创业教育作为一个新概念正式确立是在2010年。教育部在2010年专门印发的《关于大力推进高等学校创新创业教育和大学生自主创业工作的意见》中,明确使用了"创新创业教育"概念:"大力推进创新创业教育,培养一大批具有社会责任感、创新能力和创造精神,善于将创新成果转化为现实生产力的高素质人才,为建设创新型国家提供有力的人才和智力支持,促进经济发展向主要依靠科技进步、劳动者素质提高、管理创新转变,是新时期高等学校的战略任务";"创新创业教育是适应经济社会和国家发展战略需要而产生的一种教学理念与模式。在高等学校中大力推进创新创业教育,对于促进高等教育科学发展,深化教育教学改革,提高人才培养质量具有重大的现实意义和长远的战略意义。创新创业教育要面向全体学生,融入人才培养全过程。要在专业教育基础上,以转变教育思想、更新教育观念为先导,以提升学生的社会责任感、创新精神、创业意识和创业能力为核心,以改革人才培养模式和课程体系为重点,大力推进高等学校创新创业教育工作,不断提高人才培养质量。"

高等职业教育不同于普通高校要求的培养从事理论研究、决策、设计的学术型、理论型人才,而是要培养与我国现代化建设相适应的、掌握本专业必备基础理论和专门知识,具有从事本专业实际工作能力的高级技术应用型人才。高等职业教育所要培养的对象需具有"技能性""技术性"和"应用实践性",要符合企业、行业乃至国家社会对高职教育的期望。创新创业教育的核心是指应提升学生的社会责任感,培养大学生的创新精神、创业意识和创业能力。这一阐述首次明确地把创新教育、传统创业教育和创新人才培养结合在一起,是对创新创业教育内涵的一种综合式的阐述,具有重要的理论意义。创新创业教育就应面向全体学生,创新创业类课程的设置与专业课程体系有机融合并贯穿于人才培养全过程,将高等学校人才培养、科学研究和社会服务工作紧密联系起来。通过一定的创新创业知识传授,着力提高学生的创新精神、创业意识和创业能力,使所有大学生成为高素质创新型人才，期待一部分学生将来成为自主创业者，为社会其他就业人员提供更多的就业机会。

高职高专院校更是需要更新教育理念，构建具有特色的大学生创新创业教育体系，以培养创新型应用人才为第一要务，全面落实好大学生创新创业教育工作。其所开展的创新创业教育要满足国家、社会和市场的需要，培养的对象既要具有一定的创新创业精神和创新创业知识，也要具有一定的技术技能和创业实践能力等。

第一节 学生创新创业教育的内容

创新创业教育是一种面向全体学生的教育，旨在提高学生创新创业核心素质，它既追求培养一部分学生成为拔尖创新人才，也追求培养一部分学生成为成功创业者。

现有的大量相关文献中，创新创业教育往往被简单划分为创新教育和创业教育。从创新教育与创业教育的关系来看，二者的目标取向是一致的，都旨在培养学生的创新精神和实践能力；二者的功能作用是同效的，创业教育使创新教育融入了创业素质的要求，创新教育注重的是对人的发展的总体把握，创业教育着重的是如何实现人的自我价值。

就目前的国情来看，我们更需要将创新教育和创业教育作为一个整体，加快发展创新创业教育。创新教育与创业教育内容结构相互融合、相辅相成。创新是创业的基础，创新教育的成效，只有通过其培养的人才未来的创业实践来检验；创业是创新的载体和表现形式，创业的成败依仗于创新教育根基的扎实程度；创新教育注重的是对人的发展的把握，创业教育着重的是如何实现人的自我价值。二者互相促进又相互制约，是密不可分的辩证统一体。有研究者认为："我们现在所理解和倡导的创新创业教育就是指以开发和提高大学生的创新创业基本素质为目标，通过创新创业教育，培养大学生树立创新思维、培养其从事创业实践活动所必须具备的知识、能力和心理品质等"；"创新创业教育，既不等同于原来的创新教育或创业教育，也不是创新教育和创业教育的简单叠加，在理念和内容上都实现了对创新教育和创业教育的超越"。我们赞同这种"超越论"的观点，认为创新创业教育的本质是以培养创新创业人才为根本指向的全面的教育改革创业。创新是灵魂，创业是载体。

高职院校学生创新创业教育内容主要包括激发创新创业意识、传授创新创业知识、培养创新创业能力、认知创新创业环境、塑造创新创业心理品质和模拟创新创业实践等。

一、激发创新创业意识

21世纪最显著的特征和灵魂就是创新。洛克菲勒说过："如果你要成功，你应该朝着新的道路前进，不要跟随被踩烂了的成功之路。"大学生创新创业的驱动力就是其心理的内在动力，它是促进大学生创新创业并获得成功的动力因素，也是最终决定大学生创新创业寿命的关键因素。启蒙学生的创新意识和创业精神，就成了创新创业教育的首要内容。

创新创业意识是创业意识和创新意识的有机融合，是一种追求创新并同时力求把创新转化成社会生产力或新价值的意识。林崇德教授明确提出：创造性人才的核心素质包括创造性人格和创造性思维。创造性人格，主要是冒险精神、坚持不懈等。这相当于我们常说的创新精神，但创造性思维一直被忽略。有研究者认为，与创新人才密切相关的有两种思维：聚合思维和发散思维。培养创新人才必须重视培养学生的发散思维能力、辩证批判思维能力、隐喻联想思维能力以及与创新思维相关的其他非智力因素。因此，我们认为，创新创业教育必须重视培养学生的创新创业思维尤其是创新思维能力，如发散思维、抽象逻辑思维、形象思维、逆向思维的培养，加强大学生怀疑意识、问题意识和批判意识等的培养。

二、传授创新创业知识

使学生全面了解创新型人才的素质要求，了解创业的概念、要素与特征等，使学生掌握开展创业活动所需要的基本知识。主要方法为：（1）打破思维定式，训练创新思维，掌握创新思维方法，包括发散思维、头脑风暴、聚合思维、逆向思维、形象思维等；（2）扎实深厚的专业知识与全面、广博的非专业知识是创业的基础；（3）相关商业知识也是必备的，如商品交换、人事管理、市场营销等；（4）相关法律知识不可缺少，如工商注册登记、合同法、财务、知识产权保护等。

三、培养创新创业能力

解析并培养学生的批判性思维、洞察力、决策力、组织协调能力与领导力等各项创新创业素质，使学生具备必要的创业能力。培养学生掌握常见的创新方法原理、实施步骤，并在实际生活、学习、工作中不断探索创新方法、积累创新经验、进行创新活动。创业能力也可以通过课堂教学得到提高，但又不能完全依赖于课堂教学。创业实习与实践是提高创业能力和水平的最佳途径和平台。因此，创业实践活动是高校开展创业教育活动的重要形式，要注意创造条件为学生提供创业实习和实践的学习机会，以便实打实地培养学生创业的能力。

四、认知创新创业环境

引导学生认知当今企业及行业环境，了解创业机会，把握创业风险，掌握商业模式开发的过程，设计策略及技巧等。介绍与分析创新创业的政策，充分利用国家对大学生创新创业的政策支持，让企业在法律允许的范围内实现可持续发展。对学生所在的地方政府、人文环境、个人背景等软环境分析教育，使大学生在决定创业实践之初，能根据自身条件选择最适合自己开展创业道路的环境。

五、塑造创新创业心理品质

创业的过程是艰苦的，会遇到困难和挫折，甚至有失败的可能，所以学生在创业过程中必须有良好的创业心理品质。创业心理品质主要由意志和情感组成，包括独立性、适应性、合作性和健康情感等。在培训中应注重意志力和情感调节方面的培养。根据学生的不同特点，帮助他们正确了解自己，正确认识社会，认识到创业的艰难，形成吃苦耐劳、谦虚宽容、坚忍不拔的创业心理，以提高其对市场变化的心理应变能力，这是决定创业成功与否的必不可少的心理力量。

六、模拟创新创业实践

创新创业教育的难点在于创业模拟，高校为提升创新创业教育的质量，应加强创新创业实践基地建设，开展创业实践活动，建立大学生创业园。现在高校也引进了创业模拟实训平台，为学生提供创业实战的仿真模拟平台。通过撰写创业计划书、开展模拟实践活动等，鼓励学生体验创业准备的各个环节，包括创业市场评估、创业融资、创办企业流程与风险管理等。充分利用高校现有资源和条件，有计划、有组织、有针对性地开展创业竞赛活动、主题沙龙活动、模拟训练活动、素质拓展活动、青年志愿者活动和社会实践活动，鼓励学生积极参加全省、全国创业计划大赛、科技创新大赛等大学生创新创业竞赛活动。目前，大多数高职院校已建立大学生创新创业俱乐部、创业一条街，使所有有创业想法和创业项目的大学生都能借助这些平台展开创业行动，实现创业梦想。

第二节 学生创新创业教育的原则

明确大学生创新创业教育的基本原则，有利于更好地确定目标和探索路径。在教育实践中，要以教授创业知识为基础、以锻炼创业能力为关键、以培养创业精神为核心，注重鼓励和引导大学生走上自我发展之路，教会他们如何学习内化和运用知识进行创造性思考、批判性思维；帮助和引导他们认识自我、发展自我，在学习和实践中磨砺意志、锻炼精神；同时，应注重引导学生认识社会、忠职敬业，帮助其在实践中更好地融入社会，承担应有的责任，使身心发展得以健全。高职院校学生创新创业教育原则主要包括广谱性原则、方向性原则、一体化原则、特色化原则、市场化原则和主体性原则等。

一、广谱性原则

大学生创新创业教育必须面向全体学生，融入人才培养全过程。从这个意义上讲，高校创新创业教育就不是简单地从大学生创业实体的数量判断，也不是创业项目成功与否的质量判断，而应该是大学生接受创新创业教育所获得的，以创新能力为核心的综合素质提升和职业精神培育的高等教育人才质量判断。

二、方向性原则

"创新犹如双刃剑，只是工具，并不是方向本身，创新还不能单独成为目的，创新教育也不能代替现代教育的全部，它必须与道德教育整合，培养人的同情心和责任感，把人的创新精神与创新能力引向为人类造福的方向上来。"创新创业教育旨在培养创新创业型人才，而人才是德才兼备的。创新创业教育要更加关注学生良好道德品质的形成。

三、一体化原则

大学生创新创业教育必须坚持教育教学一体化，课内课外相衔接，校内校外相结合，坚持理论教学与实践教学融通合一，能力培养与工作岗位对接合一，专业学习和工作实践学做合一。创新创业教育不仅涉及学校内部的课程教学改革、实践活动开展、校园文化建设，更涉及学校外部的国家政策、社会环境等多个主体的配合。要走出"表层教育"的初级阶段，要在纵向上贯穿学生在校学习的全部过程，在横向上打通学校教育、家庭教育和社会教育的各个环节，实现"课内课外相衔接、教育实践一体化"，着力促进全体学生创新创业素质的训练和提升。

四、特色化原则

立足因材施教，凝练层次特色。大学毕业生能否做到创意创新、真正创业，是自身禀赋和自主选择的结果，其前提是针对他们的创新创业教育是否真正做到了"分层次"和"差异化"。从这个意义上说，创新创业教育既需要从整体上进行顶层设计，更需要分层次、分阶段、分群体具体推进。同样是创新创业教育，面对文科和理科两类专业特点迥异、思维方式悬殊的大学生，教育和引导的方式必然不同。同时，创新创业教育还需准确掌握同一专业学生在不同学历层次的阶段性发展特点，以动态视角开展与之相匹配的创新创业教育。

五、市场化原则

作为现代经济体系中最核心、最活跃的因素，资本市场与科技创新紧密关联，对创新创业经济活动发挥着至关重要的作用。今天的创新创业活动不再局限于某一领域的简单技术突破，日益呈现出广泛性、复杂性以及动态性等特点，比以往任何时候都更加需要大规模金融资本的支持。应充分发挥市场配置资源的决定性作用，以社会力量为主，构建市场化的众创空间，以满足个性化、多样化的消费需求和用户体验为出发点，促进创新创意与市场需求和社会资本的有效对接。创新创业教育应该坚持市场导向，深入调研，设置不同的教学目标，建立起社会与学校、专业与经济的联动关系。

六、主体性原则

充分发挥学生的主体性，需要一种充分发挥学生自觉意识和能动作用的学习方式，这种学习方式必须让学生多置于活动的实际情境中。学生处于教学活动中的主体地位，教师虽起主导作用，但学生会根据个人兴趣爱好，做出相应的选择。在高职院校教学改革中，"一体化""工学交替"等教学模式强调教师授课与学生实践合为一体，老师讲解完理论，学生能通过实际操作加强对理论的理解。企业与高职院校进行校企深度合作，实现学生实训与就业的"零距离"对接，充分调动学生的积极性、主动性和参与性，学生自主学习能力得到很大的提高。

第三节 学生创新创业教育的方法

创新创业教育力求把教师变成推动学生独立思考的助手，把教材变成激发学生兴趣的工具，把课堂变成学生开发自我潜能的舞台。创新创业教育的受众群体是大学生，他们是成年人当中文化水平较高的一个群体，也是对新鲜事物有着敏锐的触觉并最有可能把一些好的想法付诸行动的一群人。教育研究表明，成人学习的主要特征有：一是，他们想学习或认为需要学习时才会去学习，这说明成人学习更具主动性；二是，如果能将新知识运用于现实生活或工作中，他们更愿意学习，这说明他们更关注实用性；三是，如果能将所学的新知识与过去、现在和将来的事情相联系，他们更愿意学习，这说明成人学习更容易发挥主观能动性，使创新成为可能；四是，如果能取得成绩和收到反馈，他们更愿意学习，这说明成人学习更注重实效性。此外，他们在舒适无压力的学习环境下学习，效果会更佳。

美国是世界上对创新创业教育发起最早、程度最高、普及最广的国家。百森商学院模式——以培养创业意识为主成立创业教育研究中心是一种非常知名且成功的创新创业教育模式，从百森商学院的成功经验来看，实践是具有唯一价值性的，任何创业思想是否能够获得成功都是未知的，只有经过实践才能够得知，例如很多企业管理模式以及创业初期的企业架构，理论上合理的并不一定能够在实践中获得成功，这些都需要实践检验；哈佛大学模式——以培养实际管理经验为主，其因时而变的人才培养理念、因人而异的专业设置模式、因材施教的教学制度体系、博学并重的课程设置方式、强调互动的教学组织形式及独具特色的隐形课程形式，对当前创新创业教育有着重要的参考价值；斯坦福大学模式——以培养系统的创业知识为主，他们更多采取团队教学方式，由商学院及工学院的学生组成团队，进行市场调研与分析，激发创意并设计产品，进而在实验室开发、生产制造其欲推向市场的产品，这有助于学生探讨和处理创业过程中涉及的全部议题，大大增强了学生的实际知识和技能。英国、加拿大、澳大利亚都采用"合作教育"的方式，指导学生在社会实践中进行科学研究和发明创造活动。日本则于20世纪80年代提出创新教育，主张教育不仅是让学生学到一些创造技法，更是要全面培养学生的创新精神。在课程改革中重视学生基础知识学习，并注重创设创新环境；在教学方法上倡导启发式教学，鼓励学生进行探究学习。

从国内外的研究和实践来看，创新创业教育不能单纯采用传统的"说教式"教学方法，因为成人学习原则告诉我们，大学生不可能通过简单的听、说、识、记掌握全部的知识。同时，创新创业教育的实践性也要求我们不能躲在"象牙塔"中提高创新创业能力，创新创业教育需要亲身体验的实践式教学，而"参与式教学方法"恰好能够满足创新创业教育的上述要求。

参与式教学方法是目前国际上普遍倡导的一种进行教学、培训和研讨的方法。以学习者为中心，充分应用灵活多样、直观形象的教学手段，鼓励学习者积极参与教学过程，成为其中的积极成分，加强教学者与学习者之间的信息交流和反馈，使学习者能深刻地领会和掌握所学的知识，并能将这种知识运用到实践中去。教师通过组织、设计活动的形式，可全面调动学生积极参与、创造性学习与发展。

高职院校学生创新创业教育可重点使用"参与式教学法"中的案例教学法、活动教学法、讨论教学法、头脑风暴法、游戏教学法和直观感受法等。

一、案例教学法

案例教学起源于哈佛商学院,是一种通过模拟或者重现现实生活中的一些场景,让学生把自己纳入案例场景,通过讨论或者研讨来进行学习的一种教学方法。教学中既可以通过分析、比较,研究各种各样的成功的和失败的管理经验,从中抽象出某些一般性的管理结论或管理原理,也可以让学生通过自己的思考或者他人的思考来拓宽自己的视野,从而丰富自己的知识。教学中使用的案例,通常是根据事实、结合教学目的而编写出来的。

案例教学法要求学生站在实际创业者的立场上,学习什么是创业和如何创业,对创新创业中遇到的实际问题进行分析,比如"问题产生的原因是什么""可能采取的对策是什么";比如在介绍"创新思维方法"的授课过程中,引入"麦当劳的成功""苹果——创新者的世界"等案例,让学生了解顺向思维、逆向思维、横向思维、纵向思维、发散思维等各种思维模式,以及多角度去发现创新点等。

二、活动教学法

活动教学法一般是指教师根据教学要求和学生获取知识的过程为学生提供适当的教学情境,根据学生身心发展的程度和特点设置,让学生凭自己的能力参与阅读、讨论、游戏、学具操作等,去学习知识的课堂教学方法或过程。

可通过开展特定的教学活动及讨论来交流、探讨创新创业的理念。活动教学可在课堂内进行,也可在课堂外进行,它力图以具体的活动参与来强化创新创业意识和能力。

三、讨论教学法

讨论教学法强调在教师的精心准备和指导下,为实现一定的教学目标,通过预先的设计与组织,启发学员就特定问题发表自己的见解,以培养学员的独立思考能力和创新精神。就是一种针对某一具体话题开展深入讨论的教学方法。

将小组成员自然地组合,推选组长负责组织讨论,所有成员就教师提出的一个问题进行讨论和互相交流。比如,开展一次"挑战名人"的讨论活动,安排学生分组准备一定时间,专门挑出某个著名科学家、发明家、政治家的毛病、缺陷与不足。这样,可以打破学生对名人的迷信心理和思维定式,学会以发展的眼光看待名人的成就或历史地位。

四、头脑风暴法

头脑风暴法又称智力激励法,是现代创造学奠基人奥斯本提出的,是一种创造能力的集体训练法。它把一个组的全体成员都组织在一起,使每个成员都毫无顾忌地发表自己的观念,既不怕别人的讥讽,也不怕别人的批评和指责,是一个使每个人都能提出大量新观念、创造性地解决问题的最有效的方法。

一般说来,适合头脑风暴法的问题往往是有多种答案或多个解决办法的,把产生的所有想法都记录下来,然后进行归纳和选择。当学生出现停顿或学生想不出什么时,教师提供线索、材料或者建议,鼓励和帮助他们思考。比如,在"如何产生好的企业想法"的授课过程中,针对"许多高校校园中都存在流浪猫现象",提出这样一个问题:"看见流浪猫,你想到了什么?"让学生展开想象,自由发挥,最终引出建立一个宠物养老院的商业想法,因为如果存在这样的养老院,宠物的主人可能愿意花一点钱把他们送到宠物养老院,而不是遗弃他们。从而使学生能够充分发挥想象,激发他们学习的热情和积极性。

五、游戏教学法

游戏教学法是以游戏的形式教学,使学生在轻松的氛围中,在欢快的活动中,甚至在激烈的竞争中,不知不觉地学到教材上的内容,或者学到必须掌握的课外知识的教学方法。简单地说,游戏教学法就是将"游戏"与"教学"两者巧妙地结合在一起,从而引起学生学习兴趣的教学方法。

游戏可专门为创业和经营企业而设计,比如,我们可以模拟"员工招聘"情境,通过学生分组角色扮演招聘方与应聘方,让学生通过换位思考,切身感受就业者对企业的期待与创业者或企业对求职者职业能力的要求的不同。

六、直观感受法

直观感受法是指在教学中创设多种直观教学形式，促使学生主动去感悟、尝试、体验，联想、创新，从而实现教学目标。这种教学模式，从本质上讲，就是让学生借助于外部情境进行内省式学习的自主学习方式。

可通过教学参观、举办专家讲座、开展创业论坛，邀请一些目前企业经营过程中有困难和问题的小企业主，与学生交流并共同寻找解决问题的办法。这种做法难度较大，但效果较好。

第四节 学生创新创业教育的途径

在高职院校开展创新创业教育，积极鼓励在校大学生自主创业，是不断提升大学生就业竞争力和可持续性发展潜质的重要举措。创新创业教育主要是培养学生勇于探索、开拓进取的创新精神，创新支撑创业。高职院校可以通过整合校内外创业资源，从组织领导、氛围营造、课程设置、内容优化、师资配备、平台搭建等方面来全力推动大学生的创新创业教育和实践工作。

一、建立创新创业教育组织机构

组织机构的健全和领导的高度重视是创新创业教育能有效地组织和获得广泛接受的有力保证。高校要把深化高校创新创业教育改革作为"培养什么人，怎样培养人"的重要任务，作为推进高等教育综合改革的重要抓手和突破口，将其摆在突出位置，切实加强指导管理与监督评价。创新创业教育也是一个全院性的工作，涉及高效人才培养的各个环节，如果没有一个统一协调的机制，不能形成专人负责、齐抓共管的局面，就容易流于形式。

要落实创新创业教育主体责任，成立由院长牵头的学校"创新创业教育领导小组"，分管教学和学生工作的校领导担任副组长，招生就业处、学生工作处、教务处、后产处、团委、宣传统战部、思政部、校友会等相关部门负责人为成员，小组负责统筹协调全校创新创业教育工作，建立起多部门齐抓共管的创新创业教育工作机制。领导小组下设办公室，挂靠招生就业处，负责日常具体事务。（1）负责创新创业教学和理论的研究：人才培养模式与途径、创新创业教育课程建设及教学改革、创新创业教育师资队伍建设、创新创业教育实践平台研究等。（2）创新创业教学和实践指导：开展商业模拟游戏、模拟公司运营系统、举办创业沙龙、组织创业人物访谈、参观创业企业等。（3）建立创新创业俱乐部。俱乐部负责对外联系，对内交流，为大学生创新创业提供指导及服务，促进内外部资源利用、共享与开发，尤其重视其与学院就业指导中心、校友会、科技园区的联系和交流，开展创业实践活动和创业项目预孵化。孵化器用于对在校大学生开办的公司进行校园内孵化，除提供免费的办公场所、免水电费等外，还可提供技术、政策和人力、财力的支持，尤其是管理、财务和法律咨询等。

二、营造校园创新创业文化氛围

环境对所有教育者都非常重要。理念是行动的先导，没有理念，大学生创新创业教育就没有施行的可能和土壤。问题的关键是，不仅要给予人们探索的自由，还要找到在"自由发挥"和"实现机制"之间的平衡点。

学校应大力营造一种创新创业文化氛围，提升师生对创新创业工作的关注度。注重企业文化精神的示范宣传作用。积极邀请科技专家、知名学者、企业精英、创业先锋等，举办创新创业讲堂。利用目前拥有的网络、校园广播、校报等多种宣传工具，开辟专栏、专刊进行宣传。通过宣讲解读创新创业形势、讲述传授创新创业知识、分享交流创新创业经历等形式，激发大学生创新创业意识，因势利导大学生创新创业热情，拓宽创业就业途径。不光要给人们一个展示想象力、展示幻想的空间，还要提供合适的工具使这些想象得以变为现实。

选树创新创业典型，营造崇尚创新、支持创业的良好校园文化氛围。完善学生激励机制，在学生先进评选中，积极选树和推广在创新创业领域有突出成绩的学生典型，并通过故事分享会等形式，大力宣传创新创业典型先进事迹，发挥大学生创新创业典型的引领作用。并充分利用学生社团，让学生根据自己的爱好选择社团组织，由有实战经验的专业老师对学生进行创业意识和技能教育等方面的指导。大力宣传创业实践和创业计划大赛等，让学生积极踊跃参加各类实践活动。努力为年轻人提供设计、创造和发明的机会，使他们在设计、创造和发明的过程中学到很多知识，培养创造性思维，使其创新创业能力得到锻炼和提高，让大学生成为富有激情的实践者和艰苦创业的实干家。充分强调把对大学生创新创业的能力和素质培养放在突出的位置，从思想和观念上树立学生创新创业的意识，培养学生的创造型人格。引导学生把创新创业能力运用到实践中，在实践中全面提升其综合素质。

三、完善创新创业教育课程体系

按照"盘活现有课程资源，积极整合社会资源，加快课程体系建设"的思路，建设创新创业课程体系。体系建设应当遵循三个"转变"：首先，要从约束大学生的思维与能力向促进大学生思维和能力解放的方向转变；其次，要从单一的知识传授向灵活交融的综合知识学习转变；最后，要从学生被动地接受向主动参与课程设置和讨论的方向转变。

在创新创业教育课程特色上，要把握高职院校自身的学科专业特色，与原有学科相结合开展具有针对性的创新创业教育。课程体系要连贯，在不同的阶段有不同的教育目标，针对不同的学生群体和年级，课程有不同的侧重点。可分为普及性课程和核心课程，普及性课程面向全校所有学生，可设为必修公共课程；核心性课程属于进阶课程，有创业意向和潜力的学生可选修。在创新创业教育课程设计定位上，一要注意课程要与学科教育、专业教育融合；二要注意课程的国际化发展，要与时代同步、与社会发展相融合。

课程可分三个阶段进行培养。第一个阶段进行普及性课程传授，在学生第一个学年里开展创新创业意识激发、创新创业方法等基础类课程的学习，充分利用各类专业社会机构、国内外院校的精品课、网络视频公开课、慕课等优质课程资源，并配合课内外实践活动。在此阶段，在主要解决大学生对大学生活适应问题的同时，培养大学生的自我意识、创新意识、创业意识、人际交往能力、团队协作能力等。第二个阶段是在第二个学年里针对第一阶段表现良好并愿意继续学习的学生展开核心性课程传授。选拔学生参加SYB培训，加入创新创业俱乐部，开展系列的商业模拟及商业实践活动。增设创业管理、商业计划、领导力提升、技术创新转换等课程，通过倡导"做中学"，培养大学生自我管理、自我监督、自我反思、自我发展及管理能力、团队建设能力、发现问题和解决问题的能力。第三个阶段是在第三个学年里针对通过第二阶段学习并有意进行创业的学生，开展以实践为主导的学习。学生递交创业计划书参加由专家团队主持的评审和答辩会，经评估后对有发展潜力的创业项目提供孵化机会。此阶段重点利用真实的情景，培养学生的应变能力、构建团队能力、机会识别并撰写创业计划书及后续实施所涉及的综合能力。

整个教育教学过程应着眼提高学生多视角下运用创新性思维，在现实（或模拟情景）中积极沟通，发现问题、解决问题的能力，使学生们认识到学校不可能传授与创新创业相关的所有知识，创新创业过程中更多依靠自己和团队的努力。因为发展自我管理和自我完善体系才更为关键。

四、优选创新创业教育培训内容

伴随着课程体系的改革和建立，教育教学改革也要深化，教师的授课方式也应与时俱进。从传统的满堂灌填鸭式向开放、讨论式的互动教学方式转变，提高学生主动学习的积极性，着眼于学生终身学习习惯的培养，教会学生学习的方法与途径。不单纯以学生成绩论成败，不忽视学生的个性化和教育的多元化特点。

1. 注重培养创业精神

在这样一个新世纪里，管理理论的发展迎来了一个又一个新的浪潮，"追求卓越""变革与再造""核心能力""知识管理""创业管理"等管理思潮冲击着人们的思维，也预示了经济和社会的转型。企业家所承担的角色，从投机、套利、冒风险到创新，是一个不断发展和丰富的过程。因此，企业家精神不是投机与冒风险，而是把握机会和不断创新。

阿里巴巴创始人马云说："创业路上需要激情、执着和谦虚。激情和执着是油门，谦虚是刹车，一个都不能少。"而搜狐网首席执行官张朝阳认为，企业家精神应该包含两个因素：一是强烈的取胜愿望，这是能否获得成功的动力；二是思想上的独创性，是否能够独辟蹊径。在现实中，人们总是将那些具有创新精神和坚忍不拔的毅力、敢于承担风险的企业家特征视为企业家精神。

从不同的学者对企业家精神的研究中可以看出，"企业家精神"不仅仅是指企业家个人天生具备的某种特质，企业家精神可以进行后天培养，还可以延续、传播、学习和借鉴。"企业家精神"也包括企业全体员工所具有的创新精神，不只存在于新创业企业和中小企业中，也存在于成熟的大企业中。创业精神是激发学生进行创业的内在驱动力，它指导着人们去开创新局面，打破常规。

2. 注重激发创新意识

21世纪最显著的特征和灵魂就是创新。我们最缺乏的不是资源，而是创新意识、创新精神、创新能力和鼓励创新、保护创新的社会环境。创新既是一个宏观的社会实践过程，又是一个微观的心理反应过程。具体来说，是为了一定的目的，遵循事物发展的规律，调动已知信息、已有知识，开展创新思维，对事物的整体或其中的某些部分进行变革，产生出某种新颖、独特、有社会价值的新概念、新设想、新理论、新技术、新工艺、新产品等新成果的智力活动。

总的来说，我国的整体制造水平还不是很高，许多重大技术装备主要依靠进口，更新换代也离不开国外的原厂家；从产品结构来看，产品技术含量低，缺乏品牌竞争力。多数企业没有自己的专有技术，而是为发达国家企业代工生产，虽然规模很大，但利润很低，产品以中低端为主。因此，要通过创新，进行合理地转型升级，才能真正在全球制造业分工中起引领作用。

3. 注重培养创业素质

（1）创业者应具备的素质——自信。人无"信"不立。这里的"信"原指信誉，但借来指信心也无妨。一个创业者如果缺乏信心，很难做到坚忍、冒险，以及开展创业行动。即使勉强行动，也是缩手缩脚的。此外，自信能打动客户，激情能感染团队和员工。

（2）创业者应具备的素质——坚忍。有商业头脑者可以趁势创业，但创业征程一样是逆流而上，可以利用的是机会，无法避免的是艰难险阻。所以，"在路上"需要坚忍不拔的意识，"麻木迟钝"的心理和吃苦耐劳的身体。

（3）创业者应具备的素质——冒险精神。市场不存在无风险的收益，宏观的、微观的、市场的、非市场的风险总在创业者周围弥漫。除此之外，创业者总是在各种诱惑、选择中做出艰难抉择。所以，一个创业者如果没有一点冒险精神，没有敢决断的胆识和魄力，是要错失发展机遇的。

（4）创业者应具备的素质——行动能力。创业是商业活动，怎么能坐着不动？实现目标的唯一方法就是积极开展正确且扎实的行动。我们之前讨论的自信、坚忍、冒险精神都能促进行动的展开。

（5）创业者应具备的素质——商业头脑。都说市场充满机会，但座位上早已堆满了人，要想挤进去就要有发现空隙的过人眼光。创业也好，人生也好，都要有过人的眼光才能发现"机会之窗"的存在，而在"机会之窗"开启时提前做好准备，就会事半功倍。

（6）创业者应具备的素质——学习能力。在快速变化的世界里和竞争激烈的市场中，要想不被淘汰出局，只有一个办法：持续不断地提高自己。而提高自己最有效的途径就是善于学习、勇于实践。在学校，应当进行自主、自觉的学习；走出校门，自主自觉的学习习惯能使人受益匪浅。

4. 注重培养创业能力

（1）转变传统观念。大学生必须改变"创业是找不到工作才去干的不体面的事"这种错误的观念，应主动将自己的知识、专业技能和兴趣特长相结合，将自主创业作为人生的追求，将通过创业为更多的人创造就业机会作为实现人生价值的最大目标。创新创业教育工作重点应放在如何帮助今天的年轻人成长为"具有创造性思维"的人。想成为有创造性思维的人，最好的方式就是创造。创造性思维的根源就是创造。

（2）认识创业风险。首先是项目选择的风险，建议尽量结合自己所学专业选择项目，初期要尽力做好市场调研，不宜求大求全；其次是资金风险，对大多数创业者来说，创业初期最大的风险就是资金不足，尽管目前国家对创业者有小额贷款等资金支持，但对于大多数创业项目来说，所能获得的小额贷款只是杯水车薪，因此，创业初期要尽可能找到较广阔的融资渠道；再次是竞争风险，在市场经济环境中，竞争是残酷的也是必然的，创业者应尽可能地选择自己熟悉的领域作为创业项目，做好随时应对竞争的准备；最后是决策风险，机会稍纵即逝，正确的决策有利于创业的成功，决策失误也会使企业遭受灭顶之灾，这就需要加强决策能力的培养。

五、配备创新创业教育师资队伍

创新创业教育是一种新的教育理念和模式，综合性极强，需要教师既要有较高的理论素养，与时俱进的授课技巧，更要有创新创业的实际体验和实践。目前，高校的创业师资主要来自高校辅导员、就业中心、部分职能部门的行政人员以及管理或商科类的教师，其理论知识不够系统，更缺乏实际的创业体验和经历，所以，加强师资队伍建设至关重要而且任重道远。

首先，要加强对教师的理论知识培训，邀请校外名师、专家以及企业管理人员对教师进行理论素养的培训；其次，要利用各种平台和组织、参加各类创新创业研讨会的机会组织教师学习，加强交流，获得最新的创新创业知识和内容；再次，积极创造条件组织教师到企业挂职锻炼，获得创新创业与管理的真正体验，增强教师的实践能力，丰富其教学内容提高其教学效果和说服力；有条件的高校可以拨付经费组织教师真正"走出去"，到欧美发达国家和高校学习先进的经验；最后，随着创新创业教育的发展，逐步建立起创新创业学科，设立硕士博士点，自我培养孵化创新创业教育教师。除了专兼职教师之外，要加大"双师型"教师的培养，强调教师的综合素质，既要重视理论水平也要重视实践教学，避免两极分化现象的出现。多元化一方面体现在教师的来源和擅长领域，另一方面要正确看待教师自身水平的多元化，要形成教师梯队，以老带新，鼓励新人，培养新人，给其创造快步成长的环境。

六、搭建创新创业教育实践平台

创新创业教育是一项实践性很强的教育活动，要培养学生的创新意识、创业精神和创业能力，只凭借课堂教学是远远不够的，需要配合一系列的实践活动才可以完成。创新创业教育的实践活动是课程体系的有效补充，是促进学生今后真正走向创业的中间桥梁，是创新创业教育中必不可少的一个环节。学校、社会应该为学生多搭建创业的实践平台，开展创业实践体验。

目前的高职教育大多以课堂理论为主，创业实践环节很少。高职院校应创造多元的实践环境，让不同兴趣的同学都有锻炼的机会，让学生在实践中发展专业特长，做到手脑并用、学做合一，在实践中提高职业技能和职业素质。同时，学校还应该为学生创业实践提供必要的场地。现在许多高校扩建后，学校都有商业街，可以为学生创业开辟专门的场地。

创新创业教育实践的形式可以多样：

（1）高校可以加强与校外企业的联系，在专业对口企业建立大学生创新创业实践基地，走校企联合道路。利用寒暑假组织学生在企业从事实践活动，真正感受企业文化，参与企业管理和实践，得到真正的锻炼，同时也能为企业带来新鲜的活力，一举两得。比较成功的做法是"暑期实习生"的模式，组织大三学生进入企业开展实践活动，培养创新创业精神和能力。

（2）学校可以利用自身的优势，创建企业实体，当前已有众多高校有自己的校办企业，在实体中可以为学生提供创业实战的场所和氛围。

（3）有条件的高校可以充分发挥大学生科技园的作用，发挥好科技园的孵化功能，将老师或者学生的项目想法在科技园进行孵化，并派驻老师进行指导，切实让学生在项目中成长。

（4）加强专业课的实践教学。在课程学习的过程中可以组织学生进入实验室，参加创新项目，参与各类创新比赛，增强创新意识和动手能力。

（5）高校可结合学校特点，设立勤工助学岗，遵循"双向收益、互惠互利"的原则，让学生参与经营，锻炼创业能力；还可以提供机会，让学生亲自参与公共活动的组织与策划，法律或者金融实践的模拟等活动。

（6）重视并积极组织筹划大学生创业计划大赛。国外众多的名企创办人最初都是来自大学生创业计划大赛，印度管理学院就经常组织国际性的创业计划书大赛，这是一种行之有效且见效快的教育方法，通过撰写计划书，能充分锻炼学生的思维能力和团队意识、竞争意识、大局观以及综合运用各种手段查阅资料、获取各类信息的能力；在创业大赛的过程中，还能形成校友信息网络，建立校企合作网络，让学生近距离接触企业家，让创业不再神秘。

（7）当创新创业实践教育体系不断完善之后，可以探讨学制的变化，在学制之内让每位学生都加入企业实训计划，现在美国已有高校将大学生的学制延长为五年。

第七章
高职院校学生综合素质教育

近年来高等职业教育蓬勃发展，为服务国家经济转型升级培养了大量高层次技术技能人才。高等职业教育已经占据中国高等教育的半壁江山，为实现高等教育大众化发挥了基础性和决定性作用，成为加快推进现代职业教育体系建设的中坚力量。

但是，在高职学生综合素质培养方面还存在着的比较突出的问题：部分理科类学生毕业后，虽具备相当高的技术水平，每个人都可以独当一面地进行技术性工作的处理，但是在人文素养方面却有着严重的不足；部分文科类学生毕业后，文化理论知识得到提升，但是科技素养方面知识匮乏；文理科学生艺术素养培养不够等等。在上学阶段，学生的大部分时间都用在学习专业知识上，没有精力去按照自己的兴趣爱好来学习一些提高自身素质、有利社会生活的技能，使得每个学生都是本专业达人，却不是各项综合素质均衡发展的高素质人才。所以，现在很多学生毕业后，虽然专业知识懂得很多，但是工作中不能处理好各种关系，自身才干不能很好展现，这就是平时只注重单一专业学习，忽略自身综合素质培养的结果。高职院校不应该是培养"工人"的工厂，而应该是为社会输送高素质人才的教育基地。国家发展离不开人才，而一个国家人才的多少以及人才的质量都会对国家的发展产生重要的影响。仅仅重视单类教育培养出来的学生，是很难适应当今高速发展的社会的需求的。

我们怎样理解"素质"这个词呢？大体而言，"素质"的含义主要分为三个方面，分别是自然素质、心理素质和社会素质。自然素质是人类天生所带有的，生来就有的，是不能加以改变的；心理素质是每个人的心理状况，包括对不同事情的心理承受能力、对不同情况的接受能力，以及面对不同的环境所具有的不同心理素质等，应该说心理素质是现在学生以及整个人类急切需要进行加强的地方；社会素质是我们平常所说的社会适应能力，社会和学校是完全不一样的结构，在学校注重学习的同时，提高学生的社会适应能力可以为其以后走上社会岗位奠定坚实基础。素质教育的目的是对学生进行全面培养，不仅仅是简单地让他们学习专业技术知识，更要多方面技能均衡发展，注重深度培养学生的文化修养，使其全面发展，成为社会强者。

高职学生不只是技术的容器或者技术的载体，也应该是一个完完整整的人，应该有健全的人格、健康的思想，有一定文化涵养，有一定的科技素养，有自己的艺术鉴赏能力。坚持综合素质教育理念，就是要求学生充分学习不同领域的知识，根据自己的兴趣爱好从不同角度提升自己，例如多读多看文学作品，提升自身文学修养；学习科技发展历史，了解科技进程，独立完成制作发明；学习音乐美术，创意兴趣爱好等等。在高职院校学生人数节节攀升，学生基本素质参差不齐的情况下，注重从文化、科技、艺术等方面培养学生综合素质，显得尤为重要。

第一节 学生综合素质教育的内容

根据高等教育改革发展的形势特点和高等教育进入"大众化"阶段的实际，广义而言，大学生综合素质教育应该包括思想道德素质教育、法律素质教育、科学素质教育、文化素质教育、心理素质教育、技能素质教育和身体素质教育。高等职业教育与普通高等教育相比，在校时间短、学习内容多、技能要求高，两者在人才培养规格上明显不同，其学生的综合素质教育也应有所侧重。高职学生综合素质教育内容主要包括思想政治素质教育、法纪安全素质教育、心理素质教育、文化素质教育、科技素质教育、艺术素质教育和创新创业素质教育等。本章着重介绍文化素质教育、科技素质教育和艺术素质教育内容，其余内容在其他章节均有详细论述。

一、人文素质教育

人文素质教育就是将人类优秀的文化成果，将人文科学通过知识传授、环境熏陶，使之内化为人格、气质、修养，成为人的相对稳定的内在品格。对高职理工科学生来说，人文知识相对缺乏，在大学三年的教育培养过程中，应做好培训计划，把提升学生的历史、文学和哲学等人文知识作为综合素质教育的首要任务。

1. 历史知识教育

历史，一般指人类社会历史，它是一门记载和解释一系列人类活动进程的历史事件的学科，多数时候也是对当下时代的映射。历史的问题在于不断发现真的过去，在于用材料说话。历史是延伸的，是文化的传承、积累和扩展，是人类文明的轨迹。部分理工科学生在中学的学习过程中对历史了解不深入，使得优秀的传统文化得不到弘扬，一些历史事件得不到正确认识。学习历史相关知识，能够让学生增长见识，具有正确判断是非的能力，树立正确的世界观和价值观。高职院校在为学生提供学习机会的同时，要有选择地进行教学，可以从"世界历史""中国通史""史记"等方面选取具有代表性的内容，让学生既知晓世界发展历史，又了解中国发展历史，只有对历史有一定了解后才能顺应历史发展浪潮，走到时代前端。

2. 文学知识教育

文学是以语言文字为工具，形象化地反映客观现实、表现作家心灵世界的艺术，包括诗歌、散文、小说、剧本、寓言童话等，是文化的重要表现形式，它以不同的形式即体裁，表现内心情感，再现一定时期和一定地域的社会生活。从文学解释内容来看，可以通过学习文学作品了解作者思想，提升道德修养，净化个人品质。我们在内容的选取上要有代表性和重点性，比如"西方文学名著选读""20世纪中国文学作品选读"等。文学知识的学习可以让学生鉴赏能力得到提高，增强个人写作能力，在以后的人生道路中足以应对多类别的工作需要。

3. 哲学知识教育

哲学，社会意识形态之一，是关于世界观的学说，是理论化、系统化的世界观，是自然知识、社会知识、思维知识的概括和总结，是世界观和方法论的统一。它是社会意识的具体存在和表现形式，是以追求世界的本源、本质、共性或绝对、终极的形而上者为形式，以认识、改造世界的方法论为研究内容的科学。哲学是古人思想提炼的精髓，学习哲学的过程就是将自己的思想过滤，理性、客观、公正地看待问题，约束自身行为，健全自身人格，正确面对社会各种挑战。

二、科技素质教育

国际上普遍将科技素养概括为三个组成部分，即对科学知识达到基本的了解程度，对科学的研究过程和方法达到基本的了解程度，对于科学技术对社会和个人所产生的影响达到基本的了解程度。由含义可以看出科技素质由科学原理、科技史和科学哲学等三大部分组成。对高职文管类学生来说科技知识涉猎较少，应加强科学原理、科技史和科学哲学等知识的培养，切实提高学生的科技素养。

1. 科学原理教育

科学原理是用科学语言表述的对自然界客观规律的认识，它构成了科学理论的核心。科学定律反映自然界的事物、现象之间的内在的、必然的、本质的联系。但这种联系往往被各种外在的、偶然的、非本质的现象所掩盖，需要人们运用各种科学方法将它们揭示出来。对这种联系的反映，只有经过反复验证之后，才能确立为科学定律。科学原理看上去很深奥，但是我们可以对一些简单的科学原理进行学习，达到锻炼学生观察能力、培养学生科学素养的目的。在教育过程中选取内容显得尤为重要，过深的知识学生不易消化吸收，我们可以对一些常见的有重要意义的科学原理进行解读，比如"生活科技大解密""制造的原理"和"结构日常生活用品"等一系列与生活相关又浅显易懂的科学原理，对学生会有实质性的帮助。

2. 科技史教育

科学技术史学科有着悠久的历史传统，200多年前它已作为一门独立的学科问世。现在，它的发展趋势是在深化学科史研究的基础上，紧密结合科学、技术与社会的发展，加强与国民经济建设的关联，成为既有理论性又具应用性的学科。高职文管类学生在中学时代很少涉及科技方面的学习，科技发展历史进程中有着怎样的变化，科技对社会发展有着重大贡献，这些都是文科生需要学习的内容。科技史相关研究成果有很多，可以选取一些进行教学，比如，"技术发展间史""自然科学史""中国科学技术史"等，让学生对科学技术发展有一定认识，明白科技力量是如何成为社会强大的推动力的。

3. 科学哲学教育

科学哲学是从哲学角度考察科学的一门学科。它以科学活动和科学理论为研究对象，主要探讨科学的本质、科学知识的获得和检验、科学的逻辑结构等有关科学认识论和科学方法论方面的基本问题。科学哲学里面包含了很多学科，其中重点要学习的有三个方面：

（1）科学与经济。科学经济学是用科学方法从整体上研究人类经济活动的价值规律或经济规律，核心是经济规律。主要研究内容有科学研究领域的基本经济特点及经济规律的具体表现形式；科学技术与国民经济的协调发展及相互作用；科研活动的经济管理秩序、方法、原则，科学研究的经济效益评价等。

（2）科学与文化。科学对文化的影响深远，科学进步促进人类文明发展，两者相辅相成。《科学与文化》中，作者阿伽西倡导一种深思熟虑的多元论批判理性主义，关注科学与人类安危，呼吁人们促进全球政治运动，切实担负起对"太空船地球"的责任。该书具有鲜明的时代特征，涉猎甚广，旁征博引，文本厚重，值得细读。

（3）科技与军事。科学技术与军事技术、军事技术与军事之间，存在着相互渗透、相互制约、相互影响的关系。一方面，科技决定、影响着军事技术和军事的水平，有什么样的生产力和科技水平就会产生什么样的军事技术；另一方面，军事又促进、推动军事技术和科学技术的发展，军事是科技发展的独特催化剂。

三、艺术素质教育

艺术家之所以成为艺术家，其个人的努力起着决定性的作用，这种个人努力就是艺术素质。艺术素质的高低决定其作品艺术水平的高低，因此，艺术家为更好地从事艺术创作，承担社会责任，就必须不断学习、锻炼和培养，多读、多练、多实践，不断加强自身思想、知识、情感、艺术等方面的修养，逐渐形成个人风格，从而实现以创作服务社会、反映生活的目的。高职学生不仅在理论知识方面需要学习，而且在艺术素质方面也需要提高，只有当自己的生活品质得到升华，才能更好地适应社会。艺术素质可以从音乐、美术和创新三方面来进行培养。

1. 音乐知识教育

音乐是反映人类现实生活情感的一种艺术。音乐可以分为声乐和器乐两大类型，又可以粗略地分为古典音乐、民间音乐、原生态音乐、现代音乐（包括流行音乐）等。大学应该开设更多的音乐学科，不仅仅是乐器方面的学习，对音乐的基本乐理知识也应该进行简单学习，培养学生音乐鉴赏能力，现在一些学校已经开设了"音乐鉴赏"选修课。加大乐器社团的推广，旨在让全体学生都有自己的业余兴趣爱好，在紧张的竞争中通过音乐舒缓压抑情绪，以便更好地投入学习生活。

2. 美术知识教育

美术是指艺术家运用一定的物质材料，如颜料、纸张、画布、泥土、石头、木料、金属等，塑造可视的平面或立体的视觉形象，以反映自然和社会生活，表达艺术家的思想观念和感情的一种艺术活动。美术方面的培养可以多元化，比如开设美术绘画课、手工技巧课、摄影课等，这些都是让学生通过自身的兴趣来学习，在学习过程中提高艺术鉴赏能力，丰富精神世界。

3. 创意思维培养

创意是创造意识或创新意识的简称，是指对现实存在事物的理解以及认知，所衍生出的一种新的抽象思维和行为潜能。创意是一种通过创新思维意识，进一步挖掘和激活资源组合方式进而提升资源价值的方法。在大众创业、万众创新的今天，培养学生的创意思维显得尤为重要。在流水线培养模式下，学生缺少自我意识，不能更好地展现自身价值。高职院校必须要通过一定的方式，激发学生深度情感与理性思考的天性，开创动脑时代，不断产生具有新颖性和创造性的想法并付诸实践。

第二节 学生综合素质教育的原则

高职院校学生综合素质教育越来越受到重视，每个学校都在进行探索，创建符合自身学校现状的特色综合素质教育。在研究探索过程中必须要遵循一定原则才能更好地贯彻综合素质教育精神，让学生在教育过程中完善自身不足，特长得到更好发挥。高职院校学生综合素质教育原则主要包括整体原则、全面原则、动力原则、主体原则、现实原则和发展原则等。

一、整体原则

整体原则在于整体设计学生每个阶段综合素质教育重点，遵循人才培养方案，制定特色教学内容，使得教学过程达到整齐划一的效果。整体原则可以让学生学习过程的连贯性得到提高，每个阶段学习重点不重复，学生兴趣由浅及深，有利于知识的掌握及运用。综合素质教育必须遵守整体原则才能发挥其作用，只有整体设计综合素质教育方案才能提高学生整体素质，达到最初设定目标。

二、全面原则

全面原则则是要求教育者在进行学生教育的过程之中，不仅仅只是注意学生学习方面的教育，同时更需要注意学生的全面综合素质的发展，培养德智体美均衡发展的人，这也是现在综合素质教育的一个最基本的出发点。各种素质教育课的设置应该遵循全面原则，文理科相互学习对立学科知识，有利于促进学生思考方式的转换，更好适应不同挑战。全面提高学生素质，不仅在知识方面要全面培养，艺术修养的培养也是全面原则中的重要组成部分。全面原则还要讲究教育广度的扩大，目的是使学生都可以受到公平的教育，都可以得到老师的重视，学生在学习面前人人平等，不能因为存在个体差异就受到不同的待遇。采取全面原则培养学生的综合素质，不是把学生教育成为考试的工具，而是采取一定的措施，促进学生的德智体美的综合方面的发展，只有这样才可以促进学生的成长，才可以使学生在毕业后能够更好地融入社会。

三、动力原则

高职教育的主体是学生，高职学生的年龄普遍较小，他们还没有形成完整的世界观与价值观，因此，为了更好地促进高职学生的成长以及素质的提升，必须对其进行一定的激励，也就是为他们的学习提供一定的动力，这样可以更好地促进他们的学习以及学生综合素质的快速提升。再者，对于他们而言，一定的激励措施也可以提升他们的主动性。对于激励措施，可以采取举办各种比赛的方式，让学生在比赛中获得成就感，感受综合素质教育带来的快乐。这种成就感会促使学生更加努力学习，形成一种良性循环，造就良好气氛。

四、主体原则

随着经济的迅速发展以及科学技术的不断进步，人们的生活变得越来越便利，足不出户便可以做很多自己想做的事情。但是，快速发展的社会给人们带来很多便利的同时也带来了很多的阻碍，便利的环境下，人们会因为安逸而变得更加的懒惰，从而很大程度地抑制了自身的发展，最重要的是，科学技术的进步使得人们很少会去思考，所以使得越来越多的人缺少必要的创新意识，而创新一直是个人以及国家发展的动力来源。因此，在进行综合素质教育的同时，一定要按照主体原则进行，要求每个学生发挥自己的想象力，培养自己的创新意识。只有成为学习的主人，只有当自己调动起了自己学习的主动性，才可以获得更多的知识以及资源。同时，只有在自己把握住自己的前提之下，才能知晓自己对什么东西感兴趣，才会自愿自主地去学习。不同的综合素质课的设立让学生根据自身需要自主学习，从很大程度上发挥了学生的主观能动性，使其更加积极主动地学习，从而使得学生不仅仅具有完备的知识，还能培养道德情怀、提升自己的心理素质以及社会素质等。

动力原则和主体原则是可以相互统一的。首先，动力原则讲究的是需要学生按照相关的课程要求掌握必须掌握的知识，而主体原则则是鼓励学生主动学习自己喜欢的东西，并且按照自己的兴趣进行相关的学习，因此两者既有区别又有共性。相对于主体原则，动力原则是其实施的基础，只有在学生掌握了基本的知识、有了必要的基础之后，才有能力发挥自己的主观能动性，进行自由的选择和思考。其次，两者也是理性和感性的关系。对于还没有真正认识社会的学生来说，动力原则主要以理性的方式教育他们一定要认真学习知识，而同时，主体原则则是要求他们发挥自己的主动性，从感性的方式对他们进行思想教育。

五、现实原则

教育是学生学习知识的一种主要方式，在对学生进行教育的过程之中，需要对现实问题进行充分的关注，即教育不可以脱离于现实和社会而独立存在。简单来说，教育必须满足社会的现实需要，必须反映一定的社会现实问题，必须遵循社会的发展规律。但是，从某种程度来说，现在的教育却在这个方面产生了偏颇。主要体现在下面两个方面：一是落后于现实的倾向。自从改革开放以来，中国社会的经济发展以及科学技术都取得了很大的发展，但是，部分教育课程仍然还只是停留于以前的教育模式，不能适应当今社会的迅速发展。综合素质课情况不容乐观，一些学校不注重学生综合素质的培养，导致一些课程实用性不强。二是超越现实的倾向。我国的各地区教育水平存在一定的差距，偏远地区的学校应该设立较简单的素质课程，高难度课程会使得学生失去学习兴趣和耐心，使整个教育过程不能很好地进行。

六、发展原则

对于高职教育而言，如果仅仅只是停留在现实教育这一层面，是远远不够的，必须在适应社会发展需求的同时，不断地对课程进行完善，把培养学生的创新性等思维作为主要的教育目标之一，以发展的观念进行教育。这里所说的发展，不仅仅只是要求在个人的素质等方面进行发展、进行开发，更加应该在整个团体、整个学校中进行发展。综合素质教育应该是倡导学生自主思考，尊重每个学生的个性发展的。根据实际社会需要结合发展眼光开设一些有前瞻性的综合素质教育课程，让学生学有所获，学有所用。

第三节 学生综合素质教育的方法

在教育改革大潮中，高职院校已经开始重视培养学生综合素质，各个学校根据学生自身特点开设一些课程，组织一些比赛，达到了预期效果。如何让综合素质培养深入学生当中去，就需要讲求方式方法。高职学生综合素质教育方法主要包括教学积分法、社团多元法、激励教师法和课程自主法等。

一、教学积分法

高职院校已经全面实现学分制，素质教育也应采取强制手段，把素质教育课程纳入人才培养方案，设置一定学分。对于学生来说，这既是一种考核，也是一种认可。综合素质教育课程分设到每个学年，学生可以根据自己的兴趣选修相应课程，经考核合格，获得相应学分，如果素质教育课程的学分达不到人才培养方案所规定的要求，将不予毕业。针对不同学科类别的学生，学分设置要有所偏重，比如，文管类学生的人才培养方案中科技素质课程学分应加重，理工类学生的人才培养方案中人文素质课程学分应加重，这样才能促进学生去学习，一些基础性的学科应强制要求学生必选，这样才能达到最初目的。

二、社团多元法

社团多元法在于创建多种社团，发挥社团的带领作用。学生可以通过与其他部门的交流以及合作增强自己的团队意识、构建创新思维等。社团教育模式是培养学生综合素质的一种比较好的方法，要充分发挥学生社团在学生综合素质教育方面的作用，就需要学校出台相关的政策，对不同社团进行规范、有效的管理，学生社团也应该制定出社团章程和管理制度，确保其良性发展。学生在社团中应该不仅仅是学习如何与他人合作相处，更多的是从指导教师和学长身上学到技能知识，比如摄影社团，要以摄影学习为主线，让学生在社团生活中学到书本上、课堂上学习不到的东西，并且能够运用到实际生活中去，这才是社团建设的意义所在。学校社团建设应在广度方面进行扩充，多发展一些学生感兴趣的社团，社团多元化建设可以让学生主动参与，丰富校园文化，培养综合素质。

三、激励教师法

对于学生而言，最了解的人应该是老师。因此，教师的自身素质和授课质量对学生都会产生很大的影响。对于教育本身而言，虽然说学生是教育的主要对象，但是对于学生而言，教师的教学质量却是非常关键的部分。为了更好地执行综合素质教育，使得学生可以很好地提升自己的专业知识以及综合能力，学校需要建立激励机制，定时对教师进行一定的专业知识和教学技能培训，定期对教师的学习成果进行考核，对教师的教学方法、教学效果进行及时反馈，从而保证教师可以跟上时代的步伐，提高每一堂课的授课质量。学生在学习过程之中，如果对某学科的教学存在一定的意见或者看法，都可以提出来一起进行讨论，帮助教师改进教学方法，使得整个素质教育过程更加优化。现在高职院校都建有学生评教系统，利用该系统可以客观、实事求是地对素质教育课程进行评价，对促进教学过程的良性循环有着重要的作用。

四、课程自主法

为了更好地促进学生综合素质的发展以及提升，全方面地培养学生，学校可以考虑对课程进行一定的更改，开设更多的兴趣课程，让学生自主选择而不是强制要求。例如，增加更多的选修课、兴趣班等，通过丰富的课程，学生可以完全按照自己的兴趣选择不同的课程进行相应的学习，从而增加自己各个方面的知识和能力，再者，通过选修课、兴趣班，可以很好地将不同的具有相同兴趣的人很好地集合在一起，便于相互之间的交流，增加学生之间的沟通，也能够很好地激发学生的学习积极性，有利于其思想道德、科技文化、艺术鉴赏等综合素质的提升。

第四节 学生综合素质教育的途径

随着社会的不断进步，对于人才的需求越来越迫切，但是这里所说的人才并不单单只是技术方面的人才，更加重要的是综合素质都比较全面的人才，这样的人才可以更好地适应现代社会快速发展的节奏。高职院校必须顺应社会发展，加强学生综合素质教育，为社会经济发展培养出更多的高素质、高技能的应用型人才。

一、深入贯彻全科教育理念

单一的知识结构已经越来越满足不了现在快速发展的社会，高职学生在学好专业知识的前提之下，应按照自己的需求、爱好去学习不同的知识，实现学科之间的零界限。高职院校要贯彻全科教育理念，制定切实可行的措施，鼓励学生跨学科、跨专业学习。学生既可以选择有兴趣的选修课进行比较深入的学习，也可以通过旁听的方式去了解一些前沿性知识。由于学科之间在某些程度上是存在很大互通性的，在进行单一学科的学习的时候，结合其他学科的学习可以很好地帮助学生理解所学习的课程，并加深印象，这也是目前比较流行以及为大多数高校所效仿的一种教育途径。比如，在理工科类学生中开设文学类课程，让理工科学生注重培养自己的文学修养，大大提升竞争力，并且不同学科思维方式不同，这让学生在以后的学习生活中可以很好地换位思考，更快更好地适应社会。

二、充分发挥社团育人作用

社团教育应该是最能够提升学生综合素质的一种方式，高职院校大力支持学生社团规范有序地开展活动，充分发挥学生社团在综合素质教育方面的育人作用。平时，很多学生都将大部分的时间放在了学习专业知识之上，缺少时间与别人进行交流等活动，通过社团活动，学生不仅仅可以学会如何与别人进行有效沟通，同时，由于社团是一个集体，不同于班级的是，社团所组织的很多活动都是建立在社团集体之上的，需要所有人的参与来完成，这就要求社团的成员之间懂得如何去进行必要的交流，如何与别人进行合作，而沟通合作是高职学生需要学习的综合技能之一。通过社团活动，学生会遇到一些在平时的学习中不会遇到的问题，可以很好地培养、锻炼自己积极主动的思考能力，以及分析事情、处理事情的创新能力。社团是根据不同学生的爱好自发组建的，学生可以根据自己的兴趣爱好进行选择，这样，不仅仅可以在活动的过程中提升自己各个方面的能力，还可以和具有相同爱好的学生一起发展自己的兴趣爱好，从而更加全面地发展。

三、积极开展文艺文体活动

文艺文体活动是最能够考验学生综合素质的，综合素质教育要求学生重视自身德智体美等全方位地发展，文艺活动可以很好地对学生各方面表现进行检验，对于学生而言，通过文艺活动，既可以看到自己的长处，也可以看到自己的不足，以便在后期学习中进行有意识的培养，从而更好地促进自己全方位地成长。对于学校而言，文艺文体活动应该是增加学校生活丰富度的一个非常重要的因素，通过丰富多彩的文艺文体活动，学生不仅可以得到片刻的休息，学校也会因此丰富校园文化，从而使得学校环境氛围更加怡人。开展不同类型的文艺文体活动，可收到不同的效果：其一，文艺类活动，包括唱歌舞蹈等，主要可以发展那些具有一定的特长以及一定的爱好兴趣的同学，这也是艺术活动的主要表现形式；其二，知识技能类活动，通过参加竞赛，可以对学生所学知识、技能进行一定的检验和考核；其三，演讲辩论类活动，可以培养锻炼学生的语言表达能力和技巧；其四，体育竞技类活动，在提高综合素质的过程中，加强身体锻炼，增强学生体质也是共同目标，通过举行体育竞技比赛号召全校师生积极参加，让学生发挥自身特长的同时，多方面培养学生的兴趣爱好。通过参加不同类型的比赛，可以很好地提升自己的心理承受能力，比较全面地认识自己，发掘自己的闪光点，有效利用空余时间提升自身修养。

四、充分利用积分管理方式

考试作为学校的一种必不可少的方式对学生能力的测试等起到很好的检测作用，通过考试，学生可以了解自己对所学知识的掌握程度，并对自己有一个比较客观的评价，从而在之后的学习中进行改善。除了考试这种形式之外，可以考虑实行积分制，就是把专业知识以及课外活动等都作为检测的标准，按照表现情况进行相应的积分评判，从而按照各自的积分成绩看出每个人的不同特长以及需要改进的地方，通过总分数就可以很好地分析出每个人的整体素质的强弱。积分制方法目前已经开始在一些学校试行并且取得了不错的效果，例如新加坡理工大学就对学生实行积分制，从而很好地对每个学生进行客观的评价。利用积分管理的方式对学生的综合素质教育进行监督以及保障，实现学生综合素质教育评价与管理的信息化。随着国家信息化建设的普及以及快速发展，互联网技术以及智能化信息系统已经为各个不同的领域所接受。因此，可以考虑采用这种方式对学校中的每个学生的素质教育情况进行收集整理，同时，也便于学生、老师进行查询，以利于进一步地指导安排。比如，可以将系统分为专业知识、社团经历、素质课程、比赛项目四个模块，每过一段时间，相关模块的负责人都会对参加的学生进行评价打分，督促学生加强学习，学生也可以自己给自己打分，从而更加直观地了解自身状况。每年或者每个学期末，老师都会对每个学生的综合情况进行统计与整理，按照基本标准来对学生进行客观的评价，有针对性地进行一对一交流，更好地帮助学生发现自己存在的问题，从而在之后的学习及工作过程中进行改善。

下篇

高职院校学生管理创新研究

第八章
高职院校学生档案管理

为了适应高等教育的迅速发展，进一步推进和规范高校档案工作，提高档案管理水平，有效保护和开发利用档案资源，教育部和国家档案局于2008年8月20日联合颁布了《高等学校档案管理办法》。《高等学校档案管理办法》对高校学生的文件材料归档范围做出了明确界定：主要包括高等学校培养的学历教育、学生的高中档案、入学登记表、体检表、学籍档案、奖惩记录、党团组织档案、毕业生登记表等。据此，我们对高校学生档案的大体范围有了一定的认识，但不可直接作为对高校学生档案的定义，从中可以研究的是对高校学生档案分类的认识。

从狭义角度来说，高校学生档案是形成于学生在校期间的，并保存在特定部门的对学生多方面记录的内容，它包括学生同用人单位签订的就业协议以及报到证明，然后根据相应程序对这些内容的反馈，比如递送到其所在单位人事科或当地的人力资源和社会保障局，狭义上的高校学生档案其实是人事档案的一部分。

从广义的角度来说，高校学生档案可以看成是同学生密切相联系的，对学生在校客观记录的全部资料，它不仅包含了狭义的学生档案，也包括了保存于学校的各种材料，比如高中档案、学籍档案和后期实习档案等。

高职院校和普通高校相比，因其在生源、人才培养模式和学制等方面的差异，使得高职院校学生档案具有一定的差异性。因此，对高职院校学生档案的认识更偏重于广义上的概念，它既包括学生基本档案，也包括同高职学生有着密切关联的其他形式的档案，例如学生的技能鉴定材料、社会实践材料等相关信息。

第一节　学生档案管理的内容

高等院校学生档案是国家人事档案的组成部分，是大学生在校期间学习、生活以及各种社会实践的真实历史记录。学生档案就是学校、院（系）和学生管理工作者在认真做好大学生思想教育的基础上，对每个学生在政治、思想、学习和生活等方面的具体表现给予及时记录，并按照类别登记在学生档案上，使管理部门、家长和用人单位能通过档案全面了解学生的综合表现，从而达到由定量到定性的认识和把握。在新形势下，学生档案的功能主要体现在：第一，有利于管理和规范学生的行为；第二，有利于大学生实施自我管理；第三，有利于全面评定学生的表现；第四，有利于用人单位择优选聘人才。

学生档案有着丰富的对学生进行记录和评价的资源，它涵盖了学生的学习、诚信、健康和组织关系等方方面面。高职院校学生档案内容主要包括学籍档案管理、诚信档案管理、心理档案管理、组织档案管理和顶岗实习档案管理等。

一、学籍档案管理

学籍档案管理是学校在人才培养过程中的一项对重要资料的收集过程，是对在校学生日常学习、生活和思想等在书面上的表现，是学校在日常管理活动中最具有借鉴价值的记录材料。学籍档案从学生入学时开始建立，能真实、准确地反映学生在校期间的学习情况和德智体美的发展情况，具有一定的法律效力。

高职院校的学籍档案内容十分丰富，主要有：（1）学生入学材料，包括新生录取名册、学生注册登记表；（2）学生各年级学习成绩总册，包括实习成绩、毕业论文及审核表；（3）学生学籍异动记录，包括升级、留级、休学、复学、转学、退学等材料；（4）学生奖惩材料，包括获奖、评优、处分等；（5）学生毕业材料，包括毕业生登记表、毕业学生名单及毕业证书发放记录。记录的信息囊括了从学生入校到学生毕业的所有的第一手资料。

高职院校的学籍档案是学生在求学过程中逐渐积累而成的，具有各自不同的特点，但最基本的就是它的原始性和真实性，这都源于档案保存的独立性，也正是这些特点，学校把它当作人才培养的依据，社会把它当作人员判别的材料，单位把它当作员工考核的凭证，总之，学籍档案管理是高职院校的一项重要工作，应加强重视力度。

二、诚信档案管理

"诚"即诚实诚恳,主要指主体真诚的内在道德品质;"信"即信用信任,主要指主体"内诚"的外化。"诚"更多地指"内诚于心","信"则侧重于"外信于人"。诚信的核心是"强调忠诚老实,实事求是,讲求信用,遵守承诺",诚信档案就是对大学生在校期间诚信的记录。大学生是社会发展和建设的坚强后盾,是国家的未来,是民族复兴的重大力量。大学生诚信不但关系到其本身的发展,还与社会的发展进步密切相关。诚信不仅是一项道德要求,更是法律规范要求。由于大学生的身份特殊性以及其于社会发展的重要性,其是否诚信的影响是深远的。因此,大学生诚信,其根源是一种道德品格与立身之本。

高职院校学生诚信档案主要分为个人诚信记录和个人诚信承诺两个部分。诚信记录是诚信档案中的核心部分,主要有:(1)学生诚信道德记录,包括学生在校奖励信息和相关处理情况以及学生在日常生活和学习中的经济情况,例如在校期间是否存在欺诈行为、是否尊重教师、是否团结同学、是否遵守考场纪律、是否存在考试抄袭行为等信息;(2)学生经济记录信息,包括学生个人助学贷款申请和发放情况、业余时间勤工俭学情况、个人接受社会资助等信息;(3)学生学业诚信记录,包括是否存在违纪现象、是否按时提交作业和毕业论文是否抄袭等信息;(4)学生就业诚信记录,就业诚信记录主要防止学生在就业过程中提供虚假文凭和证明,同时准确记录学生毕业后的就业去向。

诚信档案的建立将高职院校学生思想品德教育从说教落实到了具体的实践中,通过加大对大学生日常行为规范的约束力度来提升其思想道德品质,将守信用、重承诺的意识内化成为具体行动。提高学生的自律性,是培养大学生自我教育的有效手段。大学生诚信档案作为有形的记录,其约束力是巨大的。诚信档案的建立和利用真正体现了将解决思想问题与解决实际问题紧密结合起来的基本原则,使大学生思想政治教育工作更具有针对性和实效性。

三、心理档案管理

心理档案是使用科学与适应性较强的心理测试量表,通过问卷、谈话、咨询等各种方式客观、综合地记录每个学生的个性心理特征和心理健康状况的资料，是对大学生心理活动、发展变化状况的记录，对于高职院校心理健康教育具有重要的作用及指导意义。

一份完整、系统的大学生心理档案一般指两个方面的内容：一是学生的基本情况，具体包括学生个人背景资料、身体状况、家庭基本情况、学习生活情况以及对学生心理产生过影响的重大事件等；二是心理测量结果及相应的教育培养建议，具体包括智能状况及教育建议、个性特征分析及培养建议、心理健康状况及辅导建议、学习心理分析及学习指导建议、职业人格类型分析及职业发展指导等。各高职院校也可以由学校统一组织，以院（系）为单位，采用科学性和适用性较强的心理测试量表，进行关于大学生心理健康状况的评定，大学生适应性和人格等方面的量表测评，或者在心理咨询中对大学生进行心理测验及诊断，搜集大学生心理健康档案的基本素材。

高职院校大学生心理健康档案的建立是大学生健康成长、全面发展的需要，应引起高度重视。应对心理档案中学生的心理状况和心理特征进行分析、整理，建立科学的分类体系，对症下药，及时对大学生心理问题进行治疗，进而对大学生心理健康档案合理管理、有效利用，充分发挥学校、家庭和社会的教育功能，使他们具有健康的心理和良好的心理承受能力，对全面、客观地了解、掌握大学生个性心理特征和心理健康状况，不断增强高职院校心理健康教育工作的主动性、针对性、预防性、发展性和实效性具有重要的作用，以适应激烈的社会竞争。

四、组织档案管理

高职院校学生党员组织档案管理主要是对学生党员在校期间所形成的各种相关材料进行整理、归档，提供学生党员组织档案的查阅、借阅服务及毕业生党员组织档案的传递、管理等。

高职院校学生党员组织档案主要有：（1）党员发展材料，包括入党申请书、申请入党人登记表、思想汇报、团组织推荐意见、确定为入党积极分子的材料、入党积极分子考察表、列为发展对象的材料、群众座谈意见、党员座谈意见、学生支部意见、党校集中培训学员登记表、结业证、政审材料与结论、学生党支部讨论决定情况、入党志愿书、转正申请书、预备期思想汇报、预备党员考察表、批准为正式党员的材料、其他需要说明的情况材料；（2）党员奖励材料，包括党员忠于职守、成绩优秀、遵守纪律、起模范带头作用的，或者在学习工作中有发明、创造、提出合理化建议，对党和国家以及高职院校有显著贡献的其他应当奖励的，如实记录奖励的时间、奖励的组织、受奖励人的基本情况等信息内容；（3）党员惩戒材料，包括学生党员违反国家纪律、国家法律法规、高职院校的各项规章制度等受到党组织的处理决定、处分决定、免于处分的处理意见；在民主评议学生党员中认定不合格的事实依据材料，学生党支部对其做出限期改正、劝退和除名等处置决定，向上级党组织的报告材料、上级党组织的批复意见；取消学生预备党员资格的党组织意见、延长预备期等材料。

高职院校学生党员组织档案是一个学生在校期间政治生命轨迹的缩写，是党组织、用人单位等了解一名学生党员政治生涯的重要组成部分。学生党员组织档案也是学生党员身份的重要凭证，具有难以替代的作用。

五、顶岗实习档案管理

学生在老师的指导及组织下，有针对性地从事某些方面的生产操作及工作实践，以及对特定技能、技术加以掌握，是学生的综合职业能力不断得到提升的过程。为了更好地对教学效果进行评估，也为了使学生可以顺利进行就业，同时也有利于企业对人才的选拔，需对高职院校学生顶岗实习档案进行科学化管理，并让其形成一个完善的运用管理体系。

顶岗实习档案管理的内容主要有：（1）学校这条线包括校企合作协议、专业人才培养方案、顶岗实习管理文件、学校为学生购买的保险合同、院（系）顶岗实习管理办法、教学任务书、各专业顶岗实习计划、顶岗实习指导记录、顶岗实习教师指导情况汇总表、学生信息表、学生顶岗实习手册、社会实践证书、顶岗实习单位变更申请表、顶岗实习总结、顶岗实习中的学校考核等；（2）企业这条线包括校企合作协议、企业为学生购买的保险合同、企业兼职教师信息登记表、企业实习计划、顶岗实习任务表、顶岗实习考勤表、实习成果、实习技能竞赛、顶岗实习中的企业考核等。

顶岗实习档案记录了学生在顶岗实习期间学习、工作及生活的方方面面，学校可以通过顶岗实习档案了解学生在整个实习过程的教学情况和能力大小；高职学生通过顶岗实习获取工作经验，在求职过程中可以利用顶岗实习档案来证明自己的工作经历，获得就业机会；用人单位通过顶岗实习档案了解高职毕业生的职业技能和综合素质，方便企业招聘到更加符合企业发展需要的人才。

第二节 学生档案管理的原则

高等院校在进行学生档案管理时，方法的不同可能造成结果上的较大差异，但是无论采取什么样的管理方法，都需要遵循共同的原则。学生档案管理的原则主要包括真实完整原则、分级管理原则、虚实结合原则、信息服务原则和适度开放原则等。

一、真实完整原则

学生档案的真实客观性和持续完整性是档案是否具备社会价值的关键，学生档案是否具备客观公正性以及持续性直接体现了高职院校的管理水平，是高职院校档案管理工作质量的见证。

学生档案管理的真实性指的是要基于客观事实对学生做出客观记录和公正评价，学生档案应成为学生在校期间最直接的参考依据。档案管理工作的客观公正体现着教育的公正，展现着对人才的尊重，最基本的要求就是拒绝虚假、伪造、改档和换档。学生档案上的信息应清楚、具体，要保证档案形成的原始性和档案管理的原始性，防止人为因素对档案内容真实性的破坏，在对档案进行修改时应按照规定的程序进行，保证档案管理的安全、真实、可靠，防止一些不法行为对学生档案的权威性造成破坏。

学生档案管理工作的完整性指的是对学生各个方面的记录和评述应持续进行，要具备一定的周期性和连贯性。档案管理工作是对学生持续的动态记录，是对学生处在不同时期的生动描述，学生档案中记录的所有信息，都是了解学生"过往"的重要依据。学生档案的完整性直接决定了档案的参考价值，高职院校应保持对学生档案持续的动态记录，防止漏档行为发生，让档案能够发挥反映学生全部面貌的作用，让社会和组织可以"凭档取人"。

二、分级管理原则

《中华人民共和国档案法》明文规定：档案工作实行统一领导、分级管理的原则。学生档案由国家组织、人事和劳动部门统一进行管理，详细的执行则由具体直属部门来完成，其他任何单位及个人无权进行管理，禁止私藏和非法接触档案材料，对于行为严重的单位和个人将追究责任。分级管理就是指具体的单位负有直接的管理义务，对整个管理过程负责，对档案当事人负责，保证档案管理工作的有序开展，服从上级监督、检查和指导。

高职院校对学生档案管理的"统分"原则应坚持一个部门的集中领导，保持分级管理合理的层次，应该对档案管理工作进行科学的规划和分工，在档案管理分层方面避免过细，防止出现多头管理、责任分散、效率低下等问题，要确定好各级管理机构的权责问题，保证整个管理过程的流畅性。同时，要注重网络数字建设，合理规划、及时调整，以服务为宗旨，增强档案的查询功能，实现档案利用的便捷性，增加整个档案为社会的贡献值。

三、虚实结合原则

现代社会是信息高度发达的时代，国家和社会对信息资源的重视程度越来越高，各种信息产业展现着巨大的活力。学生档案管理的信息化程度影响着社会对信息资源的利用效率，关系到我国社会的进步和发展。人事档案"虚""实"结合的原则要求高职院校在学生档案管理中根据时代需要，建设档案管理的信息化网络，同时保存实体档案。在此，"虚"指的在档案实体的基础上建立起来的网络信息化管理，实现各种档案资源的联合管理，推动整个社会档案管理的网络化建设；"实"指的是保存传统的档案管理载体，即可碰触的实实在在的管理对象，比如纸质版文件、音视频资源等。档案管理的"虚""实"结合原则要求档案管理的实体载体和档案管理网络化建设并举，在发挥传统形式档案管理的功能之上，推动档案的网络化信息建设的优势和价值的发挥，即让两者相互并存和补充，共同为社会经济发展服务，满足社会日益增长的信息数据资源的需要。

当前社会对资源共享的渴望比任何时代都强烈，伴随着以知识和信息为核心的经济发展，档案价值的发挥也需要保持和时代同步发展。当前信息技术高度发达，信息资源发挥着越来越突出的作用。学生档案包含了在筛选人才方面非常有用的信息，比如通过学籍档案可以看出一个学生的发展历程和前景，通过诚信档案可以了解学生的信用情况。由于传统形式上的档案管理过多依赖于管理人员的作用，在当今信息时代已无法跟上时代节奏，管理效率较低、人员多、开支大等问题突出，实现档案管理信息化建设则可有效地解决这些问题，可以实现档案管理的"多、快、好、省"，提升资源利用价值。在此以学生就业进行说明，比如一个学生到另一省份工作，与其相关的很多档案将一同前往所在区域的人才市场，如果这时有单位有对其档案进行查阅的需要就不得不去该生所在地，这样会给社会管理工作带来极大的不便。如果实现了档案的电子化管理，则能有效地避免这一矛盾的出现，很多问题只需要通过网络访问就能获得解决。

就高职院校而言，最重要的任务就是努力构建先进的学生档案信息管理系统，保证电子档案管理的安全性和规范性，实现学生档案信息在全国范围内联网的速度，通过现代化信息管理技术来保障学生在查阅、反馈以及高职院校和管理部门进行档案增减的便利性。在具体建设当中应该以人为本，本着服务于学生和社会的理念，最初应分重点进行网络化建设，保证社会对信息查阅的需要。同时，不断进行补充和完善，对于档案中不常用的部门可以推迟建设，保证整个工作的有序开展和整个工作效率的提升，让档案建设的整个服务性原则贯穿始终。

四、信息服务原则

随着知识经济时代对信息的强烈需求，我们被各种信息应用紧紧地包围着，市场竞争加剧，企业如何更快、更省、更准地获得所需的信息成了其获得胜利的重要因素。随着人们认识的深入，高职院校在档案管理方面面临着众多的改变。其中，档案管理建设更多地用于为社会经济服务的呼声更高，传统的档案被"束之高阁"的时代正在被颠覆。人们认识到，档案管理工作如果仅仅停留在让人来查阅和取证方面，那不仅是对管理工作的浪费，也是对大量宝贵信息的价值的不重视。高职院校学生档案管理的信息服务原则对档案管理部门提出了更高的要求，管理机构应该结合市场的发展需求，在档案管理工作方面进行积极的探索，逐渐转化档案管理工作模式，让档案管理工作发挥更大的价值，满足社会和企业更高用人要求，让用人机构可以快速、精准地获得所需的人力资源。

高职院校学生档案管理信息服务原则应把握好两个方面，一是将档案管理工作服务于学生本身，学生是档案管理的主要对象，理应成为信息的知情人，让自己更加了解档案涉及的具体情况和对应的管理机构，作为档案管理机构应该将档案管理的重大事项告知当事人，让其对档案信息有充足的了解。高职院校作为学生档案管理的重要机构，应该为学生提供便利，对于学生档案记录的增加应及时告之，特别是在增加不利于当事人信息的时候，应将情况如实反馈，并保留学生质疑和申辩的渠道和权力。当前众多高职院校在档案管理和学生之间还筑着一堵无形的高墙,学生对于档案管理的不知情,对于自身权利维护的不够,必然无法推动档案管理工作的建设。二是将整个档案管理工作面向社会,由于我国在档案管理制度和观念方面一直以保密为重,对档案可供接触的组织和单位有着严格的规定,这种做法虽然可以对当事人形成较好的保护,但是随着经济的发展和时代的进步,人们对档案管理的这一认识也开始有所转变。由于学生档案包含了大量有用的资源,涵盖着丰富的信息资源量,如果将此建成数据库,通过科学的程序进行访问,整个社会将会拥有更多的财富,整个社会的用人模式也会发生巨大变革。这将会推动整个社会的进步,推动市场用人机制的逐渐完善。强调学生档案管理社会服务功能需要先转化观念和认识,高职院校应看到合理的档案信息公开对学生和社会是非常有用的,积极探索档案管理的新方式和方法要远远胜过将档案固定在昏暗的档案室内;学生档案的社会信息服务需要转变档案管理方式,并在档案内容上进行创新,增强档案对人进行考核的针对性,避免众人一个样本的现象。学校可以根据社会的需要对档案进行分类的创新和尝试,对传统按户籍、院校、班级进行分类管理的模式,在档案分类方面可以增进一些新模式和一些新元素,让档案成为学生今后选择人生职业时的参考和借鉴,让社会更多地对其进行了解。

　　实行信息服务原则最重要的就是健全和完善档案信息体系建设,建立高职院校电子档案系统,提升档案信息访问的便捷性,让社会在合理权限内对学生档案进行合理的查阅,推动信息流转的范围和速度,让档案信息和资料服务于社会发展需要。同时高职院校应扩大档案管理范围,将学生诚信档案纳入信息服务中,让学生在新的时代下珍惜个人信用,推动信用的长期建设。发挥学校对学生档案管理的约束作用,增进学生诚信意识,推动学生在信息时代更好地实现个人价值。

五、适度开放原则

　　适度开放原则是指在当事人允许的前提下,对学生档案部分内容和信息适当地对外公开,实现社会对人才的需要。但应注意的是,适度的公开并不包含那些涉及当事人隐私的部分,在可能侵犯到当事人合法权益时,学校应守住底线,做到收放得当。

　　首先,对学生档案部分信息公开,学生应享有知情权。包括学生的最基本信息、在校学习经历、取得的成绩、奖惩等情况,对于可能会侵犯到学生隐私和荣誉的信息可以在事前对学生进行客观的陈述，在取得本人同意后方可进行查阅。随着学生档案部分公开成为趋势，在日后高职院校对学生档案管理中涉及的问题将会更多，因此在当前坚持对学生档案管理的适度原则非常必要。

其次，在做到对学生档案管理适度开放的同时，应对档案部分内容进行保密处理。对于会泄露学生重要隐私和秘密的内容应不予公开，对会侵害到学生利益的内容应进行保密。如果档案完全开放，则会引发倒卖个人隐私和信息的违法行为，为各种不法分子牟取非法利益提供机会，甚至造成诈骗、敲诈等违法犯罪活动，这与档案管理的目的相悖。在我国的《公证档案管理办法》中对此有明文规定：一切涉及国家机密和公民隐私的档案，或者当事人做出保密请求的档案，不能用于对外开放。在特定情况下，应取得当事人的允许并交由相应机关备案。当前对于学生档案隐私保护的规定还没有形成制度上的约束，出于安全和尊重他人的角度，现代档案管理应保护其隐私。

高职院校在学生档案管理方面对于开放原则的把握应做到既要保证当事人的知情权，又应保护当事人的隐私权，只有将开放与"封闭"统一起来才能在发挥档案的社会经济价值的同时又能兼顾到学生的切身利益。学校在进行档案管理时，应让学生对整个过程进行了解，让他们对自己档案拥有的权力进行重视，保持对档案的关注度，只有这样学生才会引起对档案涉及的隐私问题的警觉。学校应该加强档案馆管理制度的建设，保证档案管理的规范性，让各种查阅和借调有合理的程序，防止管理员滥用管理权。另外，还应建立对学生档案的联系制度，让学生知道与自身密切相关的档案的变化，有助于学生对高职院校档案管理形成监督作用。在保证对学生基本隐私和秘密的保守的情况下，学校应征询学生和专家意见，适度地对档案管理权限进行扩大，满足社会对人才信息的需要，推动社会人才的合理配置，节省整个社会的人力成本，但是如何保证公开的信息真正是用到了公共利益需要方面，这有着很大的不可控性，需要通过制度和监管体系来进行约束。

第三节 学生档案管理的方法

高职院校的学生档案是我国人事档案的重要构成部分，它涵盖了学生的整个学习和生活阶段的各种活动记录，是对学生在多方面的重要反映。学生档案是其未来就业、晋升、选拔、调用的重要参考资料，是大学生踏入社会的人事档案的重要内容。高职院校的学生档案管理水平关系到学生未来的发展，关系到整个国家选人用人情况。应通过加强学生档案组建、保管、汇集和转递等工作过程的规范，来合理界定高职院校学生档案，管理各个机构和人员的权利、责任和义务，保证高职院校学生档案管理工作的顺利推进，更好地服务学生和社会。

一、学生档案组建方法

从学生入校开始，应安排专门的机构对新生个人信息进行汇总，将新生最基本的情况、学籍册、高中档案和证明资料进行收集，并且让各个部门相互配合，及时对信息进行互享和互动，精准地对录取名单、学生档案和其他资料进行及时上交，及早形成系统的档案库。当各种材料和信息被汇总后，应安排专人对档案的完整性进行复验，对于可能漏掉的重要信息或容易误填的信息进行检查，对于问题类档案要及早和负责人取得联系，及时地修正，保证整个工作环节的有序衔接。

当汇集的档案资料没有问题时，应及时地进行归类和分档。根据学校的要求进行细致的归类，便于学校、院（系）管理人员调阅，同时应建立查阅、借调统计数据卡（包括相关人、时间、查阅的内容、地点和监督人）信息。当实体档案工作处理完毕后，应该进行档案网络信息化管理，由专人将已收集的信息进行录入，并安排小组进行复核，保证资料的完整性。

新生建档、归档工作比较烦琐，工作责任重大，工作量较重，能否做好这个环节关系着今后整个档案管理工作的整体水平。因此，学校应对档案管理员进行专业的培训，让他们在专业管理方面更加熟练，提升整体业务素养。同时，应强调责任心，秉着负责和服务的态度来对待档案初建工作。

二、学生档案保管方法

档案保管阶段是档案形成和发展的重要阶段，事关学生在校所有记录的完整性和客观性，保证档案管理的严谨性是最基本的工作。对于学生在校期间的各种表现，及时入档才是最重要的环节，应做到实体管理和电子管理的一致性，包括由专人收集、录入、递交和保管等过程，应遵循以下要点：

（1）材料清楚、明确、客观而具体。特别是一些具有鉴定性质的资料，它是学生档案最重要的组成部分，是社会发展和企业选拔人才的重要指标，这方面的材料应该客观、具体、翔实。

（2）学习成绩要体现出学生专业水平和研究成果。学习成绩不仅是对学生整个学习生涯狭义成绩好坏的客观见证，从广义上讲，也应该包括学生根据自己的聪明才智和兴趣爱好获得的发明专利、科研成果等内容，这有助于用人单位更好地激发学生充分发挥自己的才能，是培育人才的重要依据。

（3）奖励、惩罚材料要符合事实、客观公正。高职院校学生档案是对学生整个学习和生活生涯的重要记录，它所涉及的各种奖励和惩罚材料应该清楚、符合客观事实，不得添加主观因素。对于获得奖励的原因、奖励等级和评价应客观记录，对于各种处分如留级、休学和劝退等应详细记载，并让学院进行等级管理，对于各种处分材料应该密封处理，防止人为地破坏和删减。这方面档案管理更要严格，目的在于将学生真实的一面展现给用人单位，让学生珍惜自己的学习生涯，养成努力拼搏、积极向上的精神。

（4）详细记录学生各项素质。包括每年的体检情况、体能测试素质，学生的心理素质、心理承受能力，患各种传染疾病记录（注重保密工作）。

（5）对于重大事件的记录。比如入党记录、毕业记录、留学记录等。

（6）当前很多高职院校都进行了众多的素质文化活动，学生参与的各种社团和比赛等内容都应如实记录。这是考查学生综合素质的重要标准，通过对学生整个大学生涯情况的记录，可以有效地反映学生能力的真实情况。

各种材料一旦递交和形成，就应及时归档，要形成相应的记录，对于有条件的要及时完善电子信息管理系统。这就要求管理人员具有相当负责的态度和敬业精神，高职院校应在这些方面对管理人员进行考核和培训。

三、学生档案汇集方法

大学生修完学业准备就业时，高职院校在档案管理方面有着大量工作要做，应该提前加强宣传，注重对档案管理人员的培训。在现有体制下，学生档案是由各部门通力合作形成的。其主要形式：招生就业部门主要负责新生录取名册、转录名册、就业派遣证等；学生工作部门主要负责学生入学登记表、学生思想考核表、高职院校毕业生登记表、学生奖惩材料等；后勤或校医院负责学生入学体检材料；各院（系）及辅导员主要负责督促学生档案资料完善和临时保管；教务处主要负责学生各学年学习成绩、学籍、学历电子注册、学籍异动、学历证书发放、学籍档案组装与派送、学生学籍档案资料移交等；档案室负责学生学籍档案文件资料，备份的纸质档案和电子档案的保存和复制，学生档案的补派等。各部门在学生离校之际能够有条不紊地对学生档案资料进行整理，最终交教务处汇集形成学生毕业档案，即高考档案、新生入学登记表、体检表、学生思想考核表、学生奖惩材料、党员档案、学籍表、毕业实习考核表、高职院校毕业生登记表、毕业生派遣证存根等材料。

四、学生档案转递方法

学校从新生入学到离校期间的各种档案积累就构成了学生在整个学习生涯的档案记录，最后加入派遣证存根后就形成了一份完整的学生毕业档案。大学生就业后，应根据人走档案走的原则对档案进行处理。学生毕业走上就业岗位后，高职院校作为学生档案的派遣方，根据当前我国国情、档案管理流通模式，主要通过邮政渠道将学生档案派往生源地所在的市级人力资源和社会保障局的人才交流中心、教育局或其他单位。市级人力资源和社会保障局、教育局再次将学生档案转至各区县人力资源和社会保障局、教育局。学生凭学校开具的就业派遣证到当地人力资源和社会保障局人才交流中心、教育局报到，办理档案代保手续。快速、及时地进行档案递交可最大限度地保障学生的就业和深造，为学生做好最后一次服务。

这项工作周期较长，整个过程很艰辛，会遇到各种突发情况，这就需要管理员具有承受压力的能力，不急躁，保持热情和耐心。这时候，档案管理人员要做的事情很多，工作量大，过程烦琐，一方面要对学校档案进行清理，另一方面要对档案递交情况进行汇总，还要对中间过程的各种问题进行处理，解决学生的各种困难。高职院校的档案管理人员在进行档案最后交接时，一定要亲自把关，对各种事情"亲力亲为"，防止遗留后患，这时整个高职院校档案管理水平就得到了最大程度的体现。

总而言之，高职院校的档案管理工作是十分辛苦的，整个管理过程较多，管理细节较为复杂，需要打交道的部门多，需要服务的对象量大等。高职院校档案管理质量与高职院校整个档案管理制度、管理方法和模式、现代化管理技术和管理人员都有着密切关系。各个部门要密切配合，这样才能真正让学生档案管理工作服务于国家发展。

第九章
高职院校学生公寓管理

高职院校学生公寓是大学生学习、生活、休闲、娱乐和交往的基本场所，也是课堂之外对大学生进行思想政治教育和素质教育的重要窗口。学生公寓管理不仅仅是简单的后勤工作，还是与教育教学相辅相成的有机统一体，对大学生的身心发展有直接的影响。要提高高职院校教育管理质量，学生公寓管理工作不可忽视，这既是学生公寓管理实践的需要，也是高职院校学生教育管理的重要手段和重要内容。因此，必须将学生公寓管理作为学生教育管理的重点来抓，不断探索学生公寓管理工作的新途径和新方法，将学生公寓建成高职院校一块真正的育人阵地。

第一节 学生公寓管理的内容

随着改革开放的深入和社会主义市场经济体制的不断完善，人们的思想意识、观念行为也在不同程度地发生着变化。作为高职院校学生大学生涯的重要组成部分，学生公寓成了高职院校学生成长和成才不可忽视的场所，所以必须要格外重视学生公寓管理。高职院校学生公寓管理内容比较多，概括起来，主要包括公寓住房管理、公寓环境管理、公寓安全管理、公寓物资管理和学生公寓人员管理等。一方面，通过对学生的内务卫生、行为习惯、安全用电、遵守制度等方面做出明确规定，为学生营造一个温馨和谐、干净整洁、文明有序的公寓环境，促进大学生养成良好的行为习惯，提高道德品质水平，为其全面发展创造良好的外部环境；另一方面，努力提高公寓管理人员的工作能力和服务水平，提升服务学生、引导学生、帮助学生的管理理念，促进学生公寓管理工作的顺利开展。

一、公寓住宿管理

按照高职院校学生人才培养过程，公寓住宿管理一般包括编制学生住宿计划、学生住宿调整、入住手续办理、校外住宿管理和学籍异动离寝管理等。

1. 编制学生住宿计划

高职院校的学生公寓由物业管理部门进行调配管理，学生住宿按照学校统一规定执行。每年8月中旬，物业管理部门根据招生部门提供的新生录取名册，以同系别、同专业为单位划分住宿范围，结合男女比例、地域因素、民族习惯等因素，按6人/间的标准进行床位分配。学生住宿计划一经确认，必须按指定宿舍、床位住宿，不得擅自调换宿舍和床位，若有特殊情况需调整的必须经辅导员签字，报物业管理部门批准方可更换。

2. 学生住宿调整

每年的6月及9月中旬，物业管理部门负责针对毕业生离校、新生专业调换等情况进行统一的宿舍调整，原则上根据毕业生离校人数进行空余寝室整合，以备下学期新生入住。根据新生专业转入和转出数据，给出寝室数目，由各辅导员（班主任）老师进行具体的住宿调整后，报物业管理部门备案。

3. 入住手续办理

学生每学年开学时应先到财务处交纳住宿费，凭收据在物业管理部门办理相应的手续后方可入住。入住期间学生应遵守学校规章制度，按时缴纳相应的水、电、气等费用，否则物业管理部门有权拒绝安排其住宿。

4. 校外住宿管理

凡全日制在校学生需按照规定统一在校内宿舍住宿，学生如有特殊情况需要在校外住宿的，应由学生本人提出书面申请，由辅导员（班主任）、各院（系）学生工作负责人、学生工作部门签署意见，报分管院领导审批后将申请书交物业管理部门备案。物业管理部门负责督促学生所在班级的分管辅导员（班主任）不定期联系家长，及时掌握学生情况。

5. 学籍异动离寝管理

学生休学、退学、毕业时，应提前到物业管理部门办理有关手续，涉及需要退费的情况，在读学生应于每学期期末放假离校前、新生于五个工作日内提出申请，初步审核同意后，方可由物业管理部门开具相关证明办理退费手续。

二、公寓环境管理

学生公寓环境的好坏，既是学生公寓管理工作成果的直接体现，又是关系着学生身心健康与否的重要指标。学生公寓环境管理一般包括作息制度管理、内务秩序管理、公共场所管理和宿舍卫生管理等。

1．作息制度管理

学生宿舍作息制度的管理，即对学生在一天24小时内锻炼身体、上课、进餐、开展课外活动、休息等各项活动按时间顺序做出常规性和科学性的安排，并根据一定的标准进行管理，以控制各项活动的秩序，使学生的学习、生活有一定规律性，行为有所约束，以保证身心健康，提高学习效率。应制订作息时间表，采取有效措施要求学生严格按时间表安排作息，保证学生每日睡眠时间不少于八小时。除了安排宿舍管理人员夜间值班外，还应组织部分学生组成宿舍纪律管理组轮流值班，严格执行作息管理制度，督促各寝室按时熄灯、禁止喧哗，狠抓夜不归宿和带外人住宿现象，维护宿舍秩序。各寝室长还应积极发挥自身作用，组织各寝室之间开展如"争创红旗文明寝室"等竞赛活动，使宿舍生活井然有序。

2．内务秩序管理

学生宿舍内务秩序的管理是学生公寓环境管理的重要组成部分，学生宿舍内务状况是学生思想状况、精神面貌、生活作风等情况的直接反映。内务秩序管理主要由各公寓的宿舍管理人员负责，对寝室内家具配备情况一一登记、填表，根据房间及入住的实际情况制定相应的内务管理标准。寝室内的布置和整理，要本着整洁、大方、美观、舒适、统一的原则，做到被褥叠放统一，洗漱用具摆放统一，桌上书架物品摆放统一，书包衣服放置统一，培养学生每天自觉整理内务的良好习惯。物业管理部门应定期组织检查评比，组织观摩一些内务秩序好的寝室，学习相关经验，并在更新生活设施设备时，广泛听取同学们的意见，结合实际进行设施设备配置。

3．公共场所管理

学生宿舍公共场所管理，是指对学生宿舍公有共用的区域，如洗漱间、厕所、走廊、活动用房以及小卖部、理发室、电视室、接待室等的管理和维护，抓好公共场所的管理，是提供良好育人环境的重要方面。因此，要制定一套完整的管理制度，对应该配备的设施、物品，要尽量配齐，要有专人保管，定期检查、检修。对在宿舍中不讲道理，大声喧哗，影响他人正常生活的人，以及损坏公物、浪费水电等现象，须按管理条例严格管理；对严重违反规定者，除应罚款、赔偿外，还可按管理权限给予行政处分，同时要通知到学生所在的院（系），以便共同教育学生。通过对公共场所的管理，使学生逐步养成良好的社会道德和生活习惯。

4. 宿舍卫生管理

学生公寓是学生休息的主要场所，严格执行学生宿舍卫生管理，确保广大同学有一个整洁、舒适的休息环境，有助于陶冶情操，使学生在轻松、愉悦的氛围中全身心投入到学习当中。学生宿舍的卫生管理应制定严格的管理制度，要求学生做好室内、公共场所的清洁保洁工作，养成讲卫生的良好习惯，主动营造一个整洁、优美的居住环境。学生宿舍管理部门负责依据卫生评定标准，不定期对宿舍进行内务检查，实行量化考核管理，将检查结果存档备查。学生在宿舍的行为表现和宿舍卫生情况，将作为对学生奖助学金、推优入党等综合考评的依据之一。凡宿舍卫生长期不合格的学生，应按相关规定给予通报和相应处分。

三、公寓安全管理

高校学生公寓是青年学生集中住宿，共同学习、生活的地方，人员密度大，物资设备、财产集中。一旦发生安全事故，不但会使生命财产直接受到损失，而且直接影响学生的学习、生活和学校各项工作的正常进行。因此，进一步加强学生公寓的安全管理和监督，防范安全事故的发生，对于维护学生公寓正常的学习生活秩序，保障学生的人身和财物安全，促进学生身心健康发展等起到了不可替代的作用。学生公寓安全管理一般包括防火安全管理、防盗安全管理和治安安全管理等。

1. 防火安全管理

为保障学生的人身与财产安全，应禁止在公寓内使用（存放）违章电器、易燃易爆物品，禁止私拉乱接电线，禁止吸烟，严禁损坏公寓楼道内消防设施等；要严格执行消防安全规定，做好学生公寓防火宣传教育工作，增强学生的防火意识。学生所在院（系）应负责日常的宣传教育工作，经常检查学生公寓，及时教育处理违规学生。学生公寓管理部门应定期对学生公寓进行巡视检查，及时排查火灾隐患、处理险情，并按规定及时向有关部门通报情况，教育处理违纪学生。

2. 防盗安全管理

新生入学时凭新生报到注册表及缴费单据在公寓管理人员处领取本宿舍

钥匙，并由公寓管理人员强调防盗安全管理要求。学生不得私自更换门锁和配置钥匙，钥匙丢失要立即报告以便更换门锁，并由丢失者负责工本费，如因不及时报告而导致宿舍失窃则由丢失钥匙者承担相应损失。学生离开宿舍时应关好门窗，贵重物品应妥善保管。学生公寓门卫人员要严格履行进入公寓区人员的验证制度，外来人员经允许并进行登记后方可进入学生公寓，学生公寓内的大件、贵重物品要凭有效证件进行登记核实后方可带出。

3. 治安安全管理

学生公寓门开关严格按照学校的作息时间，学生必须按时归宿，严禁从楼顶、墙脚或其他学生公寓翻墙、翻阳台、翻窗入室。禁止学生在公寓内酗酒、打架、饲养宠物以及开展各种形式的赌博活动。因行为不当引起人身伤害的，除经济赔偿外，还应给予相应处分。公寓管理人员应在午休时和晚寝熄灯后到各楼层巡查，禁止学生在公寓楼内大声喧哗、弹拉乐器、打球或进行其他有碍他人休息的活动，对于干扰、阻碍公寓管理人员和学校其他工作人员正常履行公寓检查或依校规执行公务者，应进行教育或处分。

四、公寓物资管理

学生公寓配备的公共物品及各种家具设施是广大学生顺利学习和愉快生活的基础，学生公寓管理者应从生活物资管理、水电管理、维修管理等方面维护、管理好公共物品及设施，帮助学生解决各类问题，为优化学生公寓管理提供物质基础和行动保障。

1. 生活物资管理

学生公寓生活物资管理既是开展学生公寓管理的基础，也是保障学生在宿舍进行学习、生活等日常活动的关键，涵盖了固定资产管理、低值易耗品管理，物资采购计划、保管、发放管理等方面的内容。作为学生公寓管理人员，应定期做好固定资产及低值易耗品的统计清点工作，按照各级工作人员上报的物资需求提前做好物资采购计划和保管，确保将各类物资及时、准确地发放到各级需求部门，以保障学生公寓管理后勤工作的有序开展。

2. 水电管理

水电是维持学生日常生活最基本的物质保障，为加强学生公寓用水用电管理，保障学生公寓安全用水用电，督促学生节约水电，维护良好的用水用电秩序，应健全水电管理制度，做好学生水电的供应工作，对在宿舍内私拉乱接电线、浪费水资源等行为做出明确规定，要严格排查各宿舍使用水电的安全隐患，不定期进行安全检查及维护。各宿舍如有因常规用电，需接、拉电源的情况，学生公寓管理人员应及时安排水电工落实安装。

3. 维修管理

学生公寓内各项设施设备需要安排专人进行管理，以确保学生公寓内日常工作和生活的顺利开展。学生公寓管理人员负责制定相应的维修流程、安排和派遣维修人员等工作。学生公寓的维修工人负责宿舍楼内公共场所和学生宿舍房间内设施的日常维修，并配合协助有关部门做好对宿舍楼内有关设施的修理、更新工作。公寓管理人员必须重视学生反映的维修意见，督促维修工人在工作中严格遵守维修操作规程，本着对学生和本人生命财产安全负责的态度，及时发现并彻底修复被损坏的设施设备，消除安全隐患。

五、公寓文化管理

学生公寓文化是校园文化的延伸和触角，是校园文化的重要组成部分，正确理解和把握公寓文化的内容，有利于公寓文化的繁荣和发展。随着公寓文化的多元化，其育人功能越来越突出、越来越重要、越来越受到重视。公寓文化的内容包括物质文化、制度文化、精神文化和行为文化。其中，公寓物质文化是表层文化，是公寓文化建设的基础；公寓制度文化是中层文化，是公寓文化建设的保障；公寓精神文化和行为文化是深层文化，是公寓文化建设的核心。这四种文化相互影响、相互制约、相互促进，共同促进公寓文化建设的繁荣发展。

1. 物质文化管理

随着办学规模和办学水平的逐步提升，各高职院校都增加了对办学设施的投入力度，为学生的学习和生活提供公共服务的物质工程设施，使得目前高职院校学生公寓物质文化的"硬件"条件有了很大的完善，每间宿舍均配备了书桌床一体的学习、就寝设施，公寓内接入了无线网络，每层楼设有洗衣房、开水房、洗浴中心。通过整体布局，在校内设置学生健康服务中心、体育场、生活娱乐场所、学生餐厅、图书馆、超市、银行、通信服务中心等设施，形成了独具特色的校园文化商圈和景观区域，进一步确保了学生公寓优良生活环境的建设。

2. 制度文化管理

学生公寓制度文化是师生经过长期的积累创造的，也是学校历史文化的积淀，对生活在公寓园区的师生起到一定的约束和激励作用。按照强制性，学生公寓制度文化分为正式制度文化和非正式制度文化。正式制度文化是有形的、强制性的制度，强调根据时代需要和师生意愿自觉创造，并由国家或者学校进行监督和用强制力保证实施，如法律、规章、细则等；非正式制度文化是无形的、软约束的制度，强调师生在长期交往沟通中无意识而形成的行为规则，如伦理观念、风俗习惯、道德规范等。前者为后者的转化、提升提供条件，后者为前者的稳定、补充提供载体，只有将两者有机结合，互为条件、互为补充，才能使学生公寓制度文化的育人作用得到充分发挥。

3．精神文化管理

针对目前普遍存在的学生公寓文化"软件"建设薄弱、精神层面缺失，尤其是缺乏对公寓文化氛围的营造和管理的现状，应着重加强对学生公寓精神文化的构建管理。培育公寓精神文化必须对学校各种资源进行充分的挖掘，鉴别吸收各种文化，做到"以我为主，为我所用"。在公寓精神文化建设中突出老师的指导地位和学生的主体地位，让师生共同参与公寓文化建设，形成师生参与共建公寓文化建设。应深入开展校风、教风、学风建设和公寓主体行为准则教育，引导师生自觉将"修德"与"进学"紧密结合起来，增强使命感和责任感。坚持把大爱教育作为培养大学生思想道德素质的重要途径之一，以学生身心健康为目标适时开展身心健康教育活动，以科学发展观为指导，以实践锤炼为统揽，通过大力开展公寓文化活动，形成良好的环境氛围，陶冶学生的情操，丰富学生的知识。

4．行为文化管理

学生公寓行为文化是以理念熏陶师生的行为方式，通过提升师生的行为习惯、文明素养，逐步规范师生的行为，使师生产生对目标的认同感，增强凝聚力，从而推动公寓行为文化的健康发展。首先，作为学生公寓行为文化管理的重要组成，学生公寓制度文化管理为学生公寓内部组织和个人的行为活动提供了载体和平台，有利于将管理行为转化为师生的行为实践；其次，学生公寓领导行为文化管理对学生公寓文化建设起着关键的作用，激发师生积极向上、求真好学、敢于创新的热情；再次，学生公寓教师行为文化管理通过对教师的行为本身和行为所表现的思想观念、行为举止、风俗习惯等进行进一步的规范，不仅对塑造学生的精神世界起到一定的推动作用，也对学生的世界观、人生观、价值观和发展观的形成具有重要的引导作用；最后，通过对学生公寓行为文化的约束管理，有利于提升学生的内在修养、精神风貌和生活态度，从而使学校的办学理念和人才培养目标得以实现。

六、公寓人员管理

学生公寓管理人员是学校管理队伍的一支重要力量，这支队伍的素质状况决定着学生公寓管理水平和服务质量的高低，影响着学生公寓功能的发挥。随着信息量的逐渐加大、学生素质的稳步提升，仅靠课堂教育已不能满足现有的水平，公寓在学生的教育过程中占据越来越重要的地位。这就要求建设一支素质高、业务精、纪律严的管理服务队伍作为行为者和带头人，以确保学生公寓能够按照正确的轨道运行，自觉为广大师生员工服务，做好管理育人、服务育人的工作。

1. 编制管理

高职院校学生公寓的经营模式多数属于学校自办，由物业管理部门直接负责管理。学生公寓管理部门下设宿管中心、值班室、保洁部、维修维护站，每栋公寓配备有宿舍管理员、保安、保洁员、楼长、层长、宿舍长。在人员结构与素质上，学生公寓管理人员多数是内部抽调和向社会招聘而来的，年龄结构偏大，绝大多数人没有学校工作的经验和学生管理工作经验。学生公寓管理部门根据各宿舍学生的居住情况，编制配备各学生公寓人员队伍的数量，并通过严格的管理制度进行统一的管理、考核，进一步规范和整合学生公寓服务队伍建设，取得最佳的"服务育人"成效。

2. 培训管理

学生公寓管理部门的服务人员绝大部分政治素质不高、文化水平较低，缺少现代思想政治教育、管理经验和优质的服务理念，这无疑阻碍了公寓"育人"功能的充分发挥，所以迫切需要加强服务人员队伍建设。采用各种形式分层次地对管理服务人员进行有计划、有步骤的培训，是实现公寓管理、服务、育人功能，提高队伍整体素质的主要途径。应从思想政治素质、业务素质、文化素质、身体素质等方面对学生公寓服务人员进行强化培训，加强理论探讨，通过举办专题讲座沟通信息、交流经验，使服务人员明确服务目标，增强业务工作能力，提高科学管理水平。

3. 队伍管理

正确的思想方针是实施管理、服务、教育的导向，它贯穿于公寓管理工作的各个方面、各个环节。因此，要做好学生公寓管理队伍的管理，首先应从思想建设入手，除不间断地进行党的思想路线、方针政策教育之外，还应促使学生公寓管理队伍树立全心全意为师生服务的意识，提升自我价值感，克服长期以来困扰公寓服务人员的自卑感；其次应合理配置工作人员，设立合理的激励监督机制,严格评估工作绩效,引导员工提高工作积极性,遵守规章,发挥自己的优势和才干,积极探索实现高效优质服务的途径,增强学生公寓管理的团队凝聚力,并将自我探索与团队协作相结合,逐步形成具有自身特点和优势的管理模式。

第二节 学生公寓管理的原则

学生公寓管理是高职院校学生教育管理的重要组成部分,对学生的健康成长成才有独特的促进作用。随着高职院校办学水平和模式的不断发展,新时期高职院校学生公寓管理工作呈现出许多新的特点,既为开展学生教育管理工作创造了新的有利条件,也给学生公寓管理工作带来了严峻的挑战。这就要求学生公寓管理者在开展公寓管理工作的过程中必须一切从实际出发,严格遵循应有的客观规律,准确把握学生的愿望和诉求,从而确保各项工作的稳步实施。

高职院校学生公寓管理原则主要包括安全至上原则、服务育人原则、管教结合原则、合理有效原则和自我教育原则等。

一、安全至上原则

学生公寓的安全管理机构在行使管理职能时必须坚持以服务学校工作为中心的思想,树立保护师生员工"安全第一"的理念。确保安全是健全学生公寓管理体制的总出发点,也是高职院校安全管理工作的出发点和最终目的。高职院校学生公寓安全管理体系的建立,以及各项安全管理体制、运行机制和安全制度的实施,都是为了保证学生的学习、生活、娱乐、休息有一个良好的场所,都是为了保障学校公寓财产和学生生命财产的安全。几十年来,高职院校在学生公寓安全管理上投入了大量的人力、物力和精力,其所做的工作,都是为了这个目标的实现。

二、服务育人原则

学生公寓管理坚持服务育人的原则,就是把思想政治教育与各项管理服务工作有机地结合起来。通过管理、教育、环境、服务等多种途径和方式,潜移默化地做好学生的思想工作，把思想教育工作渗透到日常管理、日常服务工作的各个环节之中。学生公寓的社会环境、生活居住条件、管理制度、服务质量、文化氛围，于学生的健康成长、根本利益有着最紧密的联系。因此，物业管理部门和学校后勤服务实体，既要遵循市场经济规律，又要符合社会主义办学方向，在经营服务过程中既要坚持以市场为导向，又要以突出服务为核心，这是我国社会化后勤的特色。必须把握服务育人的主旋律并将其转化为实践。学校、相关部门以及一线管理人员要做到尊重学生、理解学生、关心学生，满足学生的合理需要，这是增强思想教育工作效果，体现管理育人、服务育人的一个重要方面。另外，学校、物业管理部门、后勤服务实体在环境建设、基础设施建设、管理队伍建设、管理制度建设、生活质量保障以及其他各项服务工作中，都要遵循育人的原则，坚持办学方向。

三、管教结合原则

高职院校学生公寓管理既是以人为中心的管理，又是以人为对象的管理，应从整体把控两者之间的关系，将规范化的制度与人性化的教育相结合来逐步开展学生公寓管理工作。学生公寓管理者应从高职院校的实际出发，探索符合学校当前情况与发展规划的管理模式，从精心的态度、精心的过程、精心的细节等层面，逐步规范各项管理制度，实现学生公寓管理效益最大化。同时，应坚持育人为本、立德树人的基本原则，加强对高职院校学生公寓生活各方面的教育，引导学生自主参与到学生公寓管理中，自觉维护公寓管理规定，养成良好的行为习惯，将管理育人与服务育人有机结合起来，推动学生公寓管理的科学化、规范化进程。坚持管教结合的原则，就是将严格的制度管理与细致的思想教育紧密地结合起来，做到管理有道、教育有方。一方面，要依靠科学、合理的管理制度强化学生公寓管理，使学生公寓管理的各项工作有序进行，做到依法管理，按章办事；另一方面，要坚持以人为本，把着眼点放在提高认识、统一思想上，充分调动学生学习和工作的积极性，提高执行纪律的自觉性。

四、合理有效原则

学生宿舍管理的合理有效原则，是指在学生宿舍管理活动中，要合理、有效地使用人力、物力、财力和时间，力争以最小的耗费取得最多、最快、最好的效果。这一原则是由学生宿舍管理的目标和本质所决定的，也是一切学生宿舍管理活动的出发点和归宿。在进行学生宿舍管理时，不仅要重视效率、效果和社会效益，还应采取科学有效的方法将三者有机地结合起来。在进行学生宿舍管理的过程中，要充分发挥管理效能，充分提高现有人力、物力、财力的利用率，充分发挥人的主观能动性，做到知人善任、人尽其才、才尽其用。应加强公共财物管理，提高公寓现有设备的利用率，做到物尽其用。要始终贯彻勤俭节约的方针，加强财务工作的计划性，把有限的公寓管理经费用在最急需的地方。加强时间的计划性，科学地分配时间，争取在最短的时间内取得最大的工作成效。

五、自我教育原则

自我教育原则，实质上就是坚持主体原则，这既是思想政治教育规律的客观要求，也是发挥主体能动性作用的重要体现。坚持自我教育就是重视受教育者的主体地位，发展受教育者的主体认识，发挥主体能动性，将教育内容转化为自我要求，将教育者的主导作用有效地转化为受教育者的主体效应。学生自我管理、自我教育历来是我国高职院校教书育人的基本要求，也是符合青年人成长的基本规律。实践证明，自我教育就是在宿舍管理的时时、事事、处处自我严格要求、自我约束、自我管理。千条要求万条要求，学生自我严格要求才是最根本的要求；千条制度万条制度，学生自我约束才是最好的制度。学校的制度约束、老师的传帮带和工作人员的管教导，都是外因，都是条件，学生自我教育和能动性的发挥才是内因，内外因相结合才能真正达到教育管理的目的。

第三节　学生公寓管理的方法

学生公寓是高职院校开展校风、学风建设的重要阵地，也是关系到大学生德智体全面发展的首要环境因素之一。作为高职院校管理工作的重要组成部分，学生公寓管理工作在长期的探索、总结过程中逐步规范化，在管理层面形成了自己特有的体制，取得了一定的成效。但在对学生进行思想教育、行为指导、生活服务等方面仍存在薄弱之处。在实施学生公寓管理的过程中，应正确看待在管理工作中出现的新问题，结合高职院校学生的特点，认真总结公寓管理经验，努力探索公寓管理的新方法，从而实现学生公寓管理"管理育人、服务育人、环境育人"的最终目标，进一步推动高职院校学生公寓管理工作的进程。

高职院校学生公寓管理方法主要包括说理管理法、环境陶冶法、榜样示范法、自我管理法和评价教育法等。

一、说理管理法

说理管理法，是指通过摆事实、讲道理，使学生提高认识、明辨是非、形成正确的观点。在对学生进行教育的过程中，应注意对高职院校学生的疏通和引导，要让学生有充分发表自己意见和看法的机会，帮助学生对具体问题进行具体分析，帮助学生把对事物的认识引到正确的方向上来。

在以往的高职院校学生公寓管理工作中，对于公寓生活当中出现的违规情况，主要依托于《学生住宿行为准则》之类的管理制度来进行处理，惩处的力度也是非常严厉的，然而却很难达到预期成效。作为管理者，往往被制度所累，无法拉近与学生之间的距离，难以实现"杀一儆百"的作用；作为被管理者，学生普遍对各类制度存在"逆反"心理，存在侥幸之心，在宿舍生活中往往会贪图一时之便而使用违章电器。如果在管理中一味与学生较真，以制度去管束学生，以处理学生为目的，势必达不到教育学生、防范风险的效果。批评、写检查、处分通报，都不是根本之法，摆事实讲道理，才是行之有效的办法之一。对于学生的违纪行为教育，应循循善诱、以理服人，强调对学生进行正面教育，充分调动学生的主观能动性。通过列举学生身边或者其他高校学生宿舍发生的真实案例，从还原事故、后果冲击、教训总结等方面的阐述，强调制定管理制度的初衷并不是为了约束学生的自由，而是为了保障每个人的自身利益。让他们从根本上体会到学校的良苦用心，逐步形成防患未然、好好生活的态度。

二、环境陶冶法

环境陶冶法，是指充分利用学生公寓这一平台，为学生创造一个良好的学习、生活氛围，使学生在不知不觉中受到启发，逐步完成和转化心理。人是环境的产物，只有先创造有效的情境，才能有效地熏陶学生。

古语有云："近朱者赤，近墨者黑"，"蓬生麻中，不扶自直，白沙在涅，与之俱黑"。可见环境对教育的作用非凡。高职院校学生的在校时间有三分之一以上是在公寓中度过的，公寓的教育环境在很大程度上对学生起到了潜移默化的作用，特别是在学分制的条件下，学生在公寓活动的时间明显增多，很多教育管理工作都是以寝室为基本单位和教育载体的。创设一个良好的宿舍环境，对学生有着强烈的感化作用，极易引起情感的共鸣。这种环境即包括美观、朴实、整洁温馨的宿舍环境，又涵盖了团结、活泼、纪律严明的管理制度。例如：在容易产生存放垃圾行为的地方摆放植物花卉，开展各种形式的"寝室文化节美寝活动"，纠正大家乱扔垃圾的坏习惯；在公寓入口黑板上展示宿管会的宿舍管理宣传海报，做好每日的温馨提示，创建"免检宿舍""文明宿舍""标兵宿舍"，美化生活环境，净化学生心灵。在条件允许的情况下，加大与学生学习、娱乐、休闲、教育相配套的基础设施投入，逐步实现在学生宿舍设立心理咨询室、党员活动室、娱乐活动室、读书活动室、辅导员工作室以及帮困助学中心、就业指导中心等，及时为学生提供必要的服务和指导。

三、榜样示范法

榜样示范法，是指学生公寓管理者以他人的高尚思想、模范行为和卓越成就影响学生，促使其形成良好的品行。在对学生的各种行为习惯进行规范性教育时，将抽象的道德规范和高深的政治思想原理具体化、人格化，以生动具体的典型形象影响学生心理，使教育具有很强的吸引力、说服力和感染力。

榜样是无声的语言，无声的语言往往比有声的语言更有力量。高职院校的学生经过了十几年的教育影响，可塑性很大。有了生动具体的形象作为榜样，学生在具体地领会道德标准和行为规范时，更容易受到感染，有意识地学榜样、做榜样，有助于学生养成良好的道德品质和行为习惯。在学生身边发现榜样、树立榜样形象，通过各种形式的宣传为学生呈现一定的优秀范例，以正面人、事、物去影响学生的情感和行动，以取得更好的示范成效。如通过组织学生参观优秀寝室、看视频、听报告等活动，让学生敢于正视自身的不足，主动学习榜样的模范之处，通过榜样的示范作用把抽象的信念、价值、道德规范具体化、人格化，使学生从这些富于形象性、感染性、权威性和可信性的榜样中吸取到丰富的营养，受到教育。

四、自我管理法

自我管理法，是指学生通过自我认识、自我监督、自我控制和自我调节，从而实现生活自理而自立，行为自律而自强，习惯自觉而自主。它的根本功能就在于使学生从受教育的客体转化为教育的主体，积极参与德育过程。在自我教育中，学生根据宿舍行为规范要求，通过"内省""慎独""躬行"等内部思想矛盾运动，自觉接受积极的思想，克服消极的思想，最终形成优良的品质。

"授人以鱼，不如授人以渔。"学生公寓管理的对象是具有独立思考和行为能力的个人。学生自我管理正是符合学生自身存在和发展的最为有效的管理模式，也是顺应高职教育形势发展最具生命力的管理模式。实现学生自我管理，首先，应建立如学生公寓委员会、学生文明纠察队等学生组织，负责学生公寓的卫生检查、星级寝室评比、公寓安全检查、公共场所秩序维护等工作，争取做到"学生的问题学生自己发现，自己解决"，让学生进一步体会到学生公寓管理工作人员的艰难，增进学生对学生公寓管理工作的理解和配合；其次，应根据学生的需求和动机，制定学生自我管理的激励机制，充分发挥学生的主体作用，如开展"优秀个人""特色寝室"等评选活动，赋予大学生管理职责，促进大学生以更大的奉献精神积极投入到自我管理工作中来；最后，应提高学生对自我约束能力重要性的认识，让学生意识到具有较强的自我约束能力是他们在激烈竞争的社会中赖以生存的基础。只有通过学生的自觉和自愿，外界的规章制度才能内化为学生内心的信念，规章制度才能成为学生的行为准则和道德标准，从而发挥应有的作用。

五、评价教育法

评价教育法，是指由管理人员根据教育目标对学生的宿舍情况进行肯定或否定的判断，从而督促学生向预定目标努力的一种教育方法。在人的全面发展中，德是重要的组成部分，起着统帅和促进其他方面发展的重要作用。对德的评价教育既可以使做得好的学生得到鼓励，做得不到位的学生得到鞭策，又能使做得不够好的学生汗颜，从而推动全体学生的成长与进步。

良好的公寓文化是公寓实现育人作用的基础，公寓文化的创建需建立在好的管理制度之上，并依靠评价教育来维护。学校可针对学生在公寓中的作息制度、学习纪律、卫生保洁等方面，赋予学生明确的职责，对每一位学生履行职责的情况进行监督评价，以实现公寓文化的创设氛围。通过开展对寝室卫生、安全、就寝等方面的评比，对学生的行为做出比较评价，结合寝室成员的操行情况，对整个寝室或寝室成员的思想品德、行为表现、学习状况等情况给出评价结果，并进行相应的指导教育。对学生做得好的方面做出肯定评价，给予一定的奖励，用以巩固和发扬学生的良好行为习惯；对学生做得不好的方面做出否定的评价，通过口头批评、书面通报等形式给予适当的惩罚，用以克服和改正学生的不良行为习惯。在日常管理中及时指出学生的不足之处，指导学生找到解决途径和方法，采取表彰先进、鼓励后进的方式，以使学生发扬优点，克服缺点，促进学生的健康成长。

第十章
高职院校学生资助管理

随着经济文化的发展，教育问题也日益受到国家的重视，政府为了促进教育公平，出台了一系列高职院校的贫困资助政策和措施，但在实践过程中还存在许多问题。由于各方面的原因，部分高职院校资助政策大多停留在经济层面上，没有有效地将资助政策和培养人才的任务结合起来。教育公平不仅是社会公平的一个重要组成部分，同时也是和谐社会的基本要求。高职院校学生资助是促进教育公平的有效手段，对建设和谐社会具有重要意义。随着高等职业教育收费制的实行，高职院校学生不仅要承担自己的全部学费，还要负担自己的生活费。由于资助资源的投入有限，资助资源的合理配置日益受到关注。为了使每个学生获得其应该获得的资助，国家已经建立起了较为完备的高职院校学生资助体系，并在实践中取得了较大的成效。

随着教育改革的进行和学费、生活费上涨情况的出现，高职院校贫困生数量有所增加，对高职院校贫困生资助管理工作提出了新的挑战，其特点主要有：

（1）资助管理责任重大。随着我国经济社会发展和建设创新型国家的需要，迫切需要能够解决生产、工艺难题的复合型、应用型高技能人才，以培养高技能人才为目标的公办高职院校承担着十分重要的社会责任。但是，近年来公办高职院校贫困学生数量日益上升，成为制约公办高职院校发展的一大问题，也直接影响到高技能人才的培养。因此，切实做好公办高职院校贫困生资助管理工作，不仅直接关系到贫困生的学业和健康成长与全面发展，也直接关系到我国高等职业教育事业的持续和健康发展，关系到国家的社会主义现代化建设。

（2）资助管理任务繁重。从当前高职院校的生源结构来看，不少学生按照条件，在填报高考志愿时，本可以选择本科层次的民办院校，只是由于家庭经济困难，高额的学费让他们放弃了就读民办本科，不得已选择了收费相对较低的公办高职院校。这就造成了公办高职院校贫困生人数多，比例高于其他高等院校的现实情况。因而，公办高职贫困生资助管理的日常工作中，难免会出现僧多粥少，难以面面俱到的情况，这就造成了任务繁重、难度大等问题。

（3）资助管理经验缺乏。现有的公办高职院校大多是由原先的中等专业学校升格或成人教育机构转型而建立起来的。虽然学校已经跨入普通高等教育行列，但高等教育管理经验包括贫困生资助管理的经验严重缺乏。虽然，其中一些由中专校升格建立的公办高职院校，过去也曾做过贫困生的资助工作，也积累了一些资助管理的经验，但是与原先的中专校相比，现在公办高职院校的资助管理，无论是在资助对象的人数上，还是在资助的力度上，都有了很大幅度的提高。仅仅依靠过去的管理经验已经远远不能适应现在资助管理工作的需要。这既是目前公办高职院校资助管理的一个特点，也是制约公办高职院校资助管理工作的一个重要因素。

第一节　学生资助管理的内容

高职院校贫困生资助管理的依据是国家高校贫困生资助政策。自20世纪80年代尤其是进入21世纪以来，为切实解决高校贫困生的经济困难，国家逐步调整和不断完善高校贫困生资助政策，为公办高职院校贫困生资助管理提供了基本的依据。依据国家高校贫困生资助政策，目前公办高职院校贫困生资助体系，简单概括起来就是"奖、助、贷、勤、补、减"，即奖学金、助学金、助学贷款、勤工助学、困难补助和学费减免。

一、奖学金

高职院校奖学金主要针对学习成绩优异，德、智、体、美全面发展的学生而设立，对其进行的一种学业奖励，其主要目的是树立典型，表扬优秀学生，鞭策后进生，促进高职院校学生综合素质的全面提高，通过奖学金评定，可以全面、深入地了解学生并鼓励学生。

高职院校现有的奖学金种类有国家奖学金（8000元），主要针对大二及以上的全日制大专在校生，要求学生在校期间学习成绩优异，社会实践、创新能力、综合素质等方面特别突出；国家励志奖学金（5000元），主要针对大二及以上的全日制大专在校生，要求学生在校期间学习成绩优异，家庭经济困难、生活俭朴；校内奖学金，一般分为3个档次：一等（1000元）、二等

（800元）、三等（600元），主要针对所有年级的全日制大专在校生，要求学生在校期间学习成绩优异，综合素质方面较突出。

奖学金是高职院校学生资助管理的一个重要组成部分，主要是起到激励先进、鞭策后进、树立榜样的作用。其基本功能主要有：

（1）激励功能。在学校教育中，学习成绩的好坏及各方面的表现在很大程度上依赖于学校能否对其进行客观的评价，当代大学生普遍具有热情、上进、荣誉感强，渴望被理解、被肯定的特点，如果能及时地、恰如其分地对学生的努力、成就予以肯定和奖励，无疑能让他们保持上进势头，激励他们更加努力奋进，从而得到更好的发展。

（2）导向功能。奖学金评定有其明确的标准，是学生期望达到的成就结果。可以让学生清楚地了解自己过去一学期的成功与不足，进而确定下学期的努力方向。

（3）共振功能。奖学金的评定有意识地通过对获奖者的宣传表彰，塑造出优于普通成员的榜样形象，使学生感受到自己与榜样在心理上、行为上的差距，进而分析自己与榜样存在差距的内在原因，促使后进生受到巨大的压力而无法安于落后。对先进者来说，则由于后进者向先进行列的逼进而面临挑战，促使自己不断向更先进努力。

二、助学金

国家助学金是由中央和地方政府共同出资设立，主要资助家庭经济困难学生的生活费用开支，它是高职院校最主要的一种资助形式，也是所有资助工作的重中之重，其覆盖面广、资助金额高，学生申请较踊跃。

高职院校当前的助学金主要是国家助学金，国家助学金包括三个档次：一般困难、困难和特殊困难（特困），资助金额分别为2000元、3000元和4000元。这项工作也是高职院校学生资助体系中覆盖面最广、贫困生比例最大、资助金额最多、评定难度最大的。每年国家助学金评定工作开展期间，学校资助中心的老师和各院（系）负责资助工作的老师要做大量的工作，政策的解读，名额的分配，填表注意事项的讲解，资料的审核、汇总等，这项工作也是当前学校资助工作的一项难点和重点。

国家助学金的设立促进了教育公平，激励贫困生勤奋学习，促进其全面综合发展，让家庭经济困难的学生上得起大学、能接受到高等教育，充分体现了国家对贫困生问题的高度重视，体现了以学生为主的重要原则，体现了社会主义制度的优越性。建立完善的贫困生资助政策体系，不断加大对家庭经济困难学生的资助力度，是构建社会主义和谐社会的必然要求，是促进教育公平和教育事业持续协调健康发展的重要举措，是实施科教兴国战略的客观要求。公办高职院校在办学原则上，以服务为宗旨，以就业为导向，走产学研相结合的道路，为优化高等教育结构，培养高等技术应用型人才，缓解严峻的就业压力发挥了不可替代的作用。然而，伴随着贫困生在公办高职院校中数量上的迅速增加，加上公办高职院校在招生生源、国家投入、社会关注度、就业压力等方面的严重困扰，使得贫困生资助工作出现了各种各样的问题与矛盾，对和谐社会的建设进程势必造成一定影响。加强贫困生资助管理是落实国家高等教育资助政策、建立健全高校家庭经济困难学生资助体系的有效保障，从实践层面减轻了经济困难家庭的教育负担，有利于学生的全面成长，体现了党的教育方针和执政为民的理念，有利于推进社会主义和谐社会建设的进程。

三、助学贷款

国家助学贷款是由中国商业银行开办的，由财政贴息的，适用于我国高等学校中经济确实困难的学生，为解决高等学校中经济确实困难的学生的学费问题而设立，它是一种运用经济手段资助高校困难学生顺利完成学业的重要形式，体现了国家对贫困生的经济优惠政策，是高职院校贫困生资助工作非常重要的一种资助方式。

国家对于大学生的贷款主要有两种形式：校源地国家助学贷款和生源地国家助学贷款。当前，高职院校的助学贷款形式主要为生源地国家助学贷款。学生可在户籍所在县市提出申请，填写的家庭经济困难情况调查表经当地民政部门审核盖章，并经公示无异议后，银行与借款人签订借款合同，贷款金额基本为6000元，但也有极个别省份、地区贷款金额为7000、8000不等。

高职院校助学贷款促进了人才培养，特别是使经济较困难的优秀青年得以深造，进一步完善了高职院校经济困难学生的资助政策体系，缓解了高校资助经费不足的矛盾；帮助学生树立了自立自强观念，鞭策学生勤奋学习、努力上进，有力地推动了高职院校学生素质教育的改革；为公民获得公平、公正的教育机会提供了社会保障机制。

四、勤工助学

勤工助学是高职院校贫困生资助体系中非常重要的一种资助形式，主要是配合助学金这种资助方式来解决贫困生的经济困难问题。它指的是贫困生利用自己的课余时间，在学校或学校推荐的校外单位，运用自己的专业知识或劳动获得合理的经济报酬，从而改善自己的生活状况，是一种有偿资助。近年来，随着部分学校贫困生数量的增长，学校在后勤服务、教学助理等方面积极拓展勤工助学岗位，以此为贫困生创造更多的勤工助学机会。

高职院校勤工助学不仅从物质上帮助家庭经济困难学生顺利完成学业，而且有助于培养其健全的人格和社会适应能力、自立及创业能力，是教育与实践紧密结合的一种良好方式。

五、困难补助和学费减免

困难补助主要是国家针对一些生源地区发生了不可抗拒的、突发性的重大自然灾害的学生，由国家财政拨款，让高校核对学生生源信息、确立名单，给以上生源地的在校大学生发放困难补助，对其进行经济上的一些补偿的一种资助形式。补助金额分别为2000元和4000元。目前，高职院校的困难补助类型有冬寒补助、寒暑假交通补助和临时困难生活补助等类型。

减免学费的对象是家庭经济特别困难的学生，根据高校内部的减免政策和标准符合条件的学生上缴学费时，直接减免其部分和全部学费。这种资助方式在高校贫困生中覆盖面较小。高职院校根据教育部的学费减免相关文件，对该校家庭特别贫困的学生实行学费减免政策，如孤残学生、烈士子女等，具体学费减免多少视情况而定。学费缓交是高校针对大面积一般贫困生实行的一种缓解家庭经济困难的政策。开学初，对于一些暂时拿不出学费的学生，先由本人申请，经各院（系）审核后，学校根据个人家庭具体情况，适当延长学费交清期限和数量。这一政策解决了一些贫困生，甚至家庭因临时变故而不能交清学费的非贫困生的燃眉之急。

目前，高职院校贫困生问题还是比较普遍的，因此，学校要切实做好家庭贫困学生的资助工作，关心他们的成长与发展，帮助他们顺利完成学业，使思想政治教育工作与他们的自身成才结合起来，有计划、有步骤地为他们提供更好的成才和发展机会，使他们的素质和能力得到全面提高，促进他们的健康发展。同时，要进一步做好管理育人、服务育人工作，既要关心、帮助贫困生，又要教育、引导贫困生。

高职院校贫困生资助管理是培养高素质人才的客观要求，是高校育人工作的重要阵地。公办高职院校贫困生资助管理是高校育人工作的重要内容，它以经济资助为载体，在帮助家庭经济困难学生解决经济困难的过程中，向学生传递党和国家对他们的关爱，激励大学生自立自强、积极向上，使他们的意志和能力在困难面前不断得到锤炼和升华。完善的大学生资助管理要在"物质上帮助学生，精神上培养学生，能力上锻炼学生"，充分发挥资助工作的育人功能。

第二节　学生资助管理的原则

高职院校进行学生资助管理时，方法的不同可能造成结果上的较大差异，但是无论采取什么样的管理方法，都需要遵循共同的原则。学生资助管理的原则主要包括公平公正原则、人文关怀原则、资助育人原则、体现活力原则和持续性原则。

一、公平公正原则

确保公平公正是公办高职院校贫困生资助管理的根本要求。教育公平作为社会公平在教育领域的延伸和体现，其核心是保障公民享有平等受教育的权力，公平地享受公共教育资源，在教育过程中被公平对待。建立健全家庭经济困难学生资助政策体系，就是从制度上保障家庭经济困难学生就学，促进教育公平。

二、人文关怀原则

注重人文关怀是公办高职院校贫困生资助管理的基本原则。从某种角度来说，贫困生作为高职院校中的相对"弱势群体"，思想状况、心理因素等具有一定的特殊性。高职院校贫困生资助管理应本着尊重人、理解人、关心人、帮助人的精神，将人文关怀融入资助管理教育当中。加强对贫困生的人文关怀，向他们灌输思想道德修养的知识，加强社会道德规范教育，注重唤醒他们的主体意识，不断地激发其发展欲望和追求理想的自觉性，使他们自觉地将外在的社会规范、要求转化为自身的成长、发展需要，从而帮助他们形成良好的思想品德，促进贫困生的健康、全面发展。

三、资助育人原则

坚持资助育人是高职院校贫困生资助管理的根本目的，包括资助管理与教育、服务相结合。资助育人是资助管理的重要目标。资助管理是学校教育管理中育人的重要方面，也必须以促进学生发展为最终目的。家庭经济困难学生的实际情况，决定了资助育人的必要性和紧迫性。长期处于贫困状态，会导致学生形成一套特定的文化体系、行为规范和价值观念体系，这些会阻碍学生的发展。因此，资助工作不仅要满足学生在校期间表面的物质需求，确保受教育机会的均等，更要满足学生长远发展需求，帮助学生提高综合素质，确保学生能够靠自身力量彻底走出贫困。在做好资助育人工作的同时也要做好对贫困生的服务工作，确保他们放下因家庭经济困难而背负的包袱，健康成才。

四、体现活力原则

高职院校学生资助系统应该在保证教育公平的前提下，承认自主的层次性，把资助工作保持在具有层次性的复杂阶段，使得资助体系资源层次化。在资助体系中，类型的多样和层次的多级难以整合，高职院校在资助实践过程中要充分认识到，过分僵化的教条会使得资助体系难以成功运行，要在复杂适应系统性理论的指导下合理分配资助资源，灵活实现资源的有效配比。注重资助体系的层次性，要在接受和适应贫困个体的不断改变中实现合理科学的资助，充分体现活力原则，保持资助体系运转的永恒生命力。

五、持续性原则

高职院校学生资助工作并非是一劳永逸的，而是一个持续改进的过程，需要持之以恒、不断改进和优化。推进学生资助工作管理，不断深化和拓展质量管理循环思路，从计划、标准、问题入手实现学生资助工作的自律循环；以目标管理为牵引，通过建立起一套具体、可量化的目标体系，从而实现对资助工作人员的行为引导、激励和控制的有机统一；以推进标准建设为标尺，促进资助人员工作方式方法的固化与持续改进，将原有复杂粗放的管理方式变为精益化的标准管理；以解决学生资助管理中存在的问题为导向，建立以挖掘问题、表达问题、归纳问题、处理问题为线索和切入点的管理方法，使精益管理不断持续深入地开展下去。

第三节 学生资助管理的方法

高职院校学生资助工作是高校育人工作的重要组成部分，是高等教育事业持续、健康发展的重要保证，更是维护广大公民拥有平等受教育权利的保障。在学生资助工作中不断探索新思路、新方法，总结和研究发展性资助模式是当前高职院校学生资助工作的焦点。高职院校学生资助管理方法主要有定性定量法、民主集中法、双向监督法和层层审查法等。

一、定性定量法

高职院校在开展贫困生的认定工作时，应该摒弃传统的认定方式：贫困证明+班主任意见或辅导员意见。在对贫困学生进行认定的过程中，建立一种新的科学合理认定程序，且在实际操作过程中，具有一定的可行性，这就是说在贫困生认定过程中要坚持定性与定量的分析方式。定量分析，主要包括学费是否交清，生活费是捉襟见肘还是绰绰有余等。定性分析主要是指，班级及宿舍同学对该生的家庭状况评价，评价内容包括该生是否为贫困生，作为一名贫困生是特困、困难还是一般贫困。由于定性和定量分析有其各自的优缺点，所以综合两者对贫困生进行认定，会较为全面、科学、合理。在对学生进行综合的定量和定性分析时，不仅要考虑一些客观性强、可量化的数据，例如，学费是否交清、每月生活费多少、消费水平等，还要考虑一些主观评价因素，例如，家庭条件，同生源地、同宿舍、同班同学对该生家庭状况的评价等。这样全方位考量，综合评定，不但可以避免定量分析的不易操作性，又可以避免定性分析的主观性和绝对性，从而达到一种较为准确、科学、合理的状态。对学生家庭经济状况、学生自评、学校（班级）评定和日常观察等情况进行综合考虑，家庭经济状况当然必须是可衡量的重要指标。

在贫困生认定过程中，必须遵循"实事求是""民主评议和学校评定相结合""公开公平公正"三结合原则，采取定性定量分析的方法，才能建立一套科学合理且具有可操作性的高职院校贫困生认定程序。

二、民主集中法

各班级成立家庭经济困难学生认定工作小组（以下简称"班级认定工作小组"），由辅导员主管，组长由小组成员推荐产生。小组成员包括学院或班级学生干部和学生代表。班级认定工作小组人数应占本班总人数10%~15%，每个宿舍至少有一个名额。学生代表名额应占本小组总人数的50%以上。申请家庭经济困难认定的学生不能成为认定小组的成员。班级认定工作小组主要履行的职责有：（1）贯彻执行上级有关家庭经济困难学生认定的工作政策和工作部署，组织实施本班家庭经济困难学生认定工作；（2）对本班家庭经济困难学生的认定申请进行评议；（3）建立和完善本班家庭经济困难学生数据；（4）对本班家庭经济困难学生进行动态管理和监督，提出变更家庭经济困难学生名单的动议；（5）完成上级交给的与家庭经济困难学生认定工作有关的其他任务；（6）组长负责在《家庭经济困难学生认定申请书》上填写小组对申请学生的评议结果。

高职院校贫困生认定应该是全面的、动态的。学生的家庭经济状况不是一成不变的，而是在不断地发展变化。有些学生可能去年家庭情况良好，可由于自然灾害、意外伤亡、重大疾病等，造成其家庭经济困难；还有些学生可能去年是贫困生，但由于家庭原因、国家奖助学金的资助等，家庭经济情况好转；当然也有些学生家庭经济一直较为困难。如此，脱贫的学生可以让出资助资格，而需要资助的学生可以申请，依然贫困的学生可以继续申请。所以，高职院校的贫困生认定工作应该每学年进行一次，从而提高高职院校资助工作效益。

各院（系）、班级民主评议小组根据学生上交的《高等学校学生及家庭情况调查表》《高等学校家庭经济困难学生认定申请表》的相关内容及学校具体的认定标准，再结合个人日常消费水平和影响家庭收入的有关情况，认真、民主、科学评议，初步排序产生各班一般困难、困难、特殊困难等不同档次贫困生名单，随后经过院（系）认定小组集中审核、公示产生，最终得出各院（系）的贫困生名单及档次。随后，这些贫困生须登录《高等学校家庭经济困难学生资助管理信息系统》填写个人基本信息及家庭状况，从而更新往年或是建立新家庭经济困难学生信息档案库，即我们通常所说的贫困生档案库。需要注意的是：第一，学校贫困生的认定标准也应该是动态的，根据社会整体经济发展水平、学生的需求变化、物价上涨等因素适时对认定标准做出调整；第二，贫困生档案库不是恒定不变的，学校资助中心要通过走访调查、电话回访、民主评议等方式定期对贫困生档案库的档次及人员做出调整。

对获资助的学生，学校、院（系）、班级要对受助学生的资金使用情况加强监督管理，要建立相应的责任追究体制。通过走访、匿名信件、电话、短信、微信、学校开设媒体专栏等监督举报形式，从而保证国家助学金等资助金不是花在买高档电脑、手机等奢侈品上，而是真正用于学习上。在贫困生认定过程中提供虚假信息的学生，一经核实，应取消其资助名额，且须追回助学金款项。情节恶劣的，学校一定要严惩不贷，不仅要有纪律上的处分，还要给予不诚信的档案记录，从而严厉杜绝贫困生认定中的不端行为。

三、双向监督法

提高政策执行效率的关键在于完善监督机制。建立高校奖助政策、执行监督机制的关键是要形成科学、多元、多向的监督制度。设立专门的监督机构，保证监督机构的独立地位，强化对高校和学生双方共同监督的职能。一方面，对于政策执行者的高校而言，把上级工作监督、公众舆论监督、政策对象投诉控告监督多种方式结合起来，健全政策执行环境，确保现行高校大学生奖助政策执行的科学有效，确保奖助政策规定的奖助资金足额、及时发放到家庭经济困难学生手中。另一方面，对于政策被执行者的大学生而言，监督机构也应该监督学生，对该履行而又没有履行缴费义务的学生进行惩处。

近年来，每年新学年开学初，针对家庭经济困难新生的报到问题，国家都要求各高校开设"新生绿色通道"，保证家庭经济困难新生顺利注册。如果有高校因为新生家庭经济困难，交不起学费而将该生拒之门外，该高校就会受到媒体的曝光和社会舆论的讨伐。但与此同时，这也给了一些伪贫困生钻政策空子的机会。

例如，本来家庭经济担负得起该生在学期间的各项学习费用，但由于其家长担心孩子将来毕业后找工作困难或找不到如意的工作，就通过关系出具家庭经济困难证明，使得该学生在学期间可以家庭经济困难为由，不交或只交很少一部分学费，等大学毕业后找到如意的工作，需要毕业证书了，再一次性到学校交清学费，领取毕业证书。再就是，有些家长发现孩子在校期间，学习不认真，挂科太多，可能最后无法顺利获得毕业证书，干脆就不给孩子交学费了。还有就是，有些家长将学费都给学生了，学生本人没将这笔钱拿来交学费，而是挪作他用后又补不回来了，而家里又无法再筹齐给学生补交学费的钱了，只好让学生欠在那里。针对以上这些情况，高校有苦说不出。因此，应该针对学生不交学费的类别及原因，制定相应的解决措施。

四、层层审查法

为了体现教育公平，需规范资助程序，严格资格认定审查制度。对于贫困生这群特殊的群体，我们既要做到有效资助，又要防止有限资源的浪费。因此，对贫困生的认定须严格、准确。必要时应建立或完善贫困生电子信息平台，并利用好这样的信息平台，对贫困生进行动态检测。生源地的政府部门统一负责建立贫困生的信息数据库，同时，不断完善和更新数据库相关信息。这样，学校在接受审核学生入校后所出具的一系列相关证明的同时，也可以直接申请查询贫困生生源地政府部门的信息数据库。高校应负责对学生以及生源地政府部门所提供的一系列的相关证明材料进行认真核查，辅导员、班主任要认真地查阅学生的档案，对来自经济不发达地区、家庭有重大变故以及农村多子女家庭的学生特别关注，另外，要深入学生内部，充分了解学生的日常生活水平；在班级内部组织召开贫困生评议会，通过对旁边同学的了解，尽最大可能发挥学生本身的监督作用，获得多方面信息，对贫困生身份进行确认。

第十一章
高职院校学生理论教学管理

学生理论教学管理是高职院校管理学中一个相对独立的组成部分，也是高职院校教学管理中最基本、最重要的管理。学生理论教学管理既是学校管理的重要组成部分，也是高职院校教学工作正常运行的有力保障。它主要依照高职院校理论教学的基本规律，通过制定教学常规、教学过程及教务工作等各项教学工作的制度、方法及程序，帮助教学管理工作者按照一定的教学管理规律去组织指导教学管理实践活动，促进教学质量的提高，从而提升学生理论教学管理水平和工作效率。做好学生理论教学管理，不仅有助于建立正常稳定的教育教学秩序，促进教师教学水平和专业素质的不断提高，而且能够提升高职院校教育教学团队的凝聚力，并通过推广丰富的教育经验和科学的教学方法，逐步促进教学质量的提高，从而为推动高职院校其他各项工作的顺利开展创造有利条件。

我国的学校教育历史悠久，在学生理论教学管理方面也有着较为丰富的经验。早在我国古代第一部教育理论专著《学记》中就对如何管理学生、如何安排作息时间等问题提出了考核办法："大学始教，皮弁祭菜，示敬道也。"而对于学生理论教学管理内容的定义，不同学者也提出了不同的见解和看法。郭继东将教学管理的内容概括为"学校领导者和教学管理人员根据教育方针、课程计划、教学大纲的要求和学校教育教学的规律，为完成教学任务、提高教学质量，运用现代管理的理论、方法和原则，通过计划、组织、指挥、协调、评价、反馈等手段，科学地组织、协调和使用学校教学系统中的人力、物力、财力、时间、信息等资源，以推动学校教学工作有序开展、达成教学目标的活动"；《管理学大辞典》将教学管理定义为"运用管理科学和教学论的原理与方法，充分发挥计划、组织、协调、控制等管理职能，对教学过程各要素加以统筹，使之有序运行，提高效能的过程。教育行政部门和学校共同承担教学管理工作。教学管理涉及教学计划管理、教学组织管理、教学质量管理等基本环节"。

从上述观点不难看出，虽然具体的文字表达有所差异，但实质并无本质区别。学生理论教学管理是一个复杂的系统工作，其内容也是非常丰富的。从纵向看，高职院校的学生理论教学管理可以分为计划、组织、业务、质量管理等；从横向看，高职院校的学生理论教学管理又包括教师、学生、课堂、教材、设备、信息等方面的管理。总而言之，学生理论教学管理是以一定的教育教学管理理念和教育教学规律所形成的对理论教学各个环节实施固定管理方法和程序的体系。随着学校办学规模的扩大和教学内容的增加，学生理论教学管理不再局限于编班排课、维持教学秩序、整理教学资料等单项工作，而逐渐发展成为涵盖对教学内容、教学组织以及教学过程等实施全方位部署并进行系统化管理的重要手段。

第一节 学生理论教学管理的内容

高职院校学生理论教学管理是学校管理的重要组成部分，它的基本任务是全面贯彻执行党和国家的教育方针和学校"面向世界，面向未来"的办学宗旨，按照一定的教学规律，对学校理论教学工作进行协调、检查、监督和指导，保证理论教学工作和教学改革的顺利实施，以符合人才培养质量的最终要求。总的说来，高职院校学生理论教学管理通常由教学常规和教学过程管理两个部分构成，主要涵盖了教学常规、学生训育、教学目标、教学计划、教学运行、教学过程、教学质量、档案管理等方面的内容。其任务在于优化教育教学资源，提高教学质量，确保教学工作正常进行。

一、理论教学常规管理

高职院校学生理论教学的常规管理就是遵循教学规律对教学工作进行日常管理，主要由"教""学"及教务行政三个方面组成。

1. "教"的常规管理

所谓"教"的常规管理即对教师教学过程的监控管理，包括对备课、上课、布置与批改作业和成绩考核等教学基本环节的管理。

（1）备课管理。备课是教师根据教学计划和大纲，结合教学的实际情况，规划和组织教学内容，保证学生有效地进行学习而开展的教学准备活动。备课管理就是对教师备课过程进行指导、监督和检查。备课管理主要通过对教案的检查和评估进行，不仅要帮助教师明确备课的意义，还要针对教师备课的内容提出具体要求。

（2）上课管理。上课时教师根据教案实施教学的具体过程，是教学的关键环节。上课管理就是对教师实施的教学过程进行监督、指导和评价。上课管理的主要方法是听课和评课，上课管理效果的好坏将直接影响作业完成和辅导情况，进而对上课的质量和效果产生深远影响。

（3）布置与批改作业管理。教师根据教学目标和教学内容，有针对性地给学生布置作业并对学生作业进行批改，这是教学工作的重要环节。布置与批改作业管理是对这一环节进行指导、检查的活动，应从作业布置、作业批改及作业查评等方面着手，提出具体的管理要求。

（4）成绩考核管理。成绩考核分为平时考查和学期考试两个阶段，是检查教学效果的重要手段。成绩考核管理是对教师平时考查和出卷命题的有利监督方式，要求教师严格按照教学大纲的要求进行考核，以准确体现教学成效。

2."学"的常规管理

教学过程中对学生学习过程的监控管理称之为"学"的常规管理，包括学习制度、学习成效考核、学生奖惩考核等基本环节的管理。

（1）学习制度管理。学习制度管理是"学"的常规管理的重要内容，是学生学习得以顺利进行的有利保障。学习制度管理主要是针对课堂学习、管理、考核等常规所制定的对学生出勤与纪律情况、课堂学习的制度与执行等方面的考查。

（2）学习成效考核管理。学习成效考核是检验学生学习成效的关键环节，也是学生升留级与毕业的重要依据。学习成效考核管理主要是规范平时考查、试卷考查形式和标准，并对这一过程进行全方面监控。

（3）学生奖惩考核管理。学生奖惩考核是学生在校期间所受奖励、处分情况的主要依据。学生奖惩考核管理将对学生的奖惩进行具体的系统量化，更加规范、有序地反映学生的综合素质和能力。

3. 教务行政的常规管理

教务行政工作是学生理论教学管理的重要组成部分，其主要内容包括编班管理、制表管理、学籍管理、教学档案管理等。

（1）编班管理。把年龄和知识水平相同或相近的学生，按照比例合理分配在一起的过程叫作编班，班级的编定应一次完成，保持相对稳定，以便实施教育教学。

（2）制表管理。制表包括编排学期课表、作息时间表及其他教学相关表格，合理地编排教学相关表格，有利于规范课务管理，稳定教学秩序，指导教学安排，确保教学质量。

（3）学籍管理。学籍管理是学校理论教学常规管理的重要内容，通常包括入学与注册、学生档案、学籍异动、考核与奖惩等方面的内容，是对学生在校期间学习情况的全过程处置与记录。

（4）教学档案管理。教学档案资料是学校历史发展进程中的基本情况及有关数据的集中反映，凡是上级文件、规章制度、计划总结、试题试卷、活动材料、教师业务档案等内容都属于教学档案范畴，需要分类整理、妥善保存。

二、理论教学过程管理

一般说来，学生理论教学的过程管理主要包括教学计划管理、教学组织管理和教学质量管理。

1. 教学计划管理

教学计划是国家教育主管部门制定的有关教育和教学工作的指导性文件，体现了国家对培养专门人才规格的基本要求，是高职院校组织教育教学活动和实施教育教学管理的重要依据。教学计划管理一般包括教学计划的制订、执行、监督、实施等环节。

（1）制订教学计划。高职院校的教学计划由教务处根据上级教育部门有关文件精神，结合本校实际制定统一原则，安排各教学单位按专业制定初稿，签署意见后报学校教务处。教务处负责提交专家调整、审核，并将专家意见反馈至各教学单位进行修改和调整，由教务处统筹定稿后报主管院长批准。一经批准，各单位不得随意变更。一个完整的教学计划一般应包括专业培养目标与培养规格，学制规定，教育、教学周数分配，课程设置，学分要求，学时安排等方面的内容。在教学计划制订过程中，要处理好基础与专业、必修与选修等课程之间的关系，制订出一个较为理想的教学计划，适应社会发展对人才培养的要求。

（2）编写教学大纲。教学大纲是教学计划的具体体现，是教师进行教学的基本依据。除公共课程和某些基础课程由国家统一颁发教学大纲外，其他课程应根据教学计划，以纲要的形式制定、修正教学大纲，并按专业汇编成册，以克服课程间的重复和脱节，并据此进行教学准备工作，以确保专业培养目标的实现。

（3）下达教学任务书，编制教学运行表。教学任务书通常在每学期期末由系主任代表学校下发至各教研室，各教研室通过深入研究讨论，落实到具体的任课教师。各任课教师接受教学任务后，应根据教学计划，结合教学大纲规定的内容，提前做好教学运行计划，上交至各教研室。再由各教研室进行讨论，核准后执行。如遇到教学进度计划或内容确实需要更改的情况，应经教研室讨论同意后，报系主任批准。

（4）确定任课教师，选定落实教材。各门课程任课教师人选的选定，应由各教研室根据下达的教学任务，结合本教研室的具体情况进行推荐。一般应推荐专业对口、有一定教学经验的教师承担教学任务。如有新任教师授课的情况，应安排有丰富教学经验的老教师进行指导。各任课教师采用统一教材，教材由学校教务处教材科每年分两次进行征订（5月征订翌年春季使用教材，11月征订翌年秋季使用教材），如需使用自编教材（讲义）、实验指导书补充教材等，必须填写使用申请表，分别由教研室、系主任、教材科签署意见，上报教务处审批。

2. 教学组织管理

与教学计划管理密切相关的是教学组织管理，教学组织管理是完成高职院校教学任务、实现教学目标的重要措施。实施教学组织管理，可以从做好教研室组建、合理地安排课务等两方面着手。

（1）做好教研室组建。教研室是学校开展教学研究、提高教师业务水平的重要基地，也是学校落实教学工作的有利保障。做好教研室组建应遵循以下原则：一是以"同一学科教师在三人以上可成立教研室，不足三人可将性质相近的学科教师组织成立多学科教研室"为原则建立和健全教研室；二是以"管理能力较强，且具备较高学科教学能力"为原则选任教研室主任；三是以"形成良好教风，提高教学质量"为原则建立各种规章制度以指导教研室工作，使教研室能够有效运行。

（2）合理地安排课务。学校安排课务，应考虑任课教师的专业背景、学识专长，并结合该教师的教学能力和业务水平。虽然每个教师的任课是相对固定的，但应该考虑适当的轮换制度。如教师经过自学、进修或培训后掌握了一定的专业知识，可安排有经验的老师采取"传、帮、带"的形式适量安排课务，使任课教师的综合业务能力得以提升。

3. 教学质量管理

教学质量管理是依据相应的规范和标准，采用科学的手段和方法，对教学过程和环节进行全面设计、组织实施、检查分析，以确保在教学进行过程中能够达到预期的效果,它是整个教学管理的核心部分。应从制订课程教学质量标准和构建课程教学质量指标体系两方面进行。

(1)制订课程教学质量标准。高职院校的课程教学质量是工学结合人才培养模式下的质量。它是校企合作教育资源与课程结合条件下学生对学校教育、教学活动的满意度,以及学生的职业的适应能力、用人单位的满意度等要素的系统反映。制订课程教学质量标准,应满足学生的人文需求,包括升学、就业、可持续发展等方面,同时,结合企业的实际需求,包括目标、规格、岗位等内容来进行制订。

(2)构建课程教学质量指标体系。做好高职院校的教学质量管理,除了制订科学、合理的教学质量标准外,还应抓好课程教学质量指标体系的构建工作,主要包括以下几个方面:一是成效指标,它是学生毕业后在工作、学习、生活中的成就或结果表现,是学生知识、能力、态度、社会适应能力及社会认可度的综合评价;二是成绩指标,它是反映在学生个体身上的学习质量指标,涵盖了考试成绩、考试等级、职业资格证书、获奖情况等方面的内容;三是教学工作质量指标,它是教师教学工作质量的衡量指标,集中体现教师的教学能力、学术水平、工作态度与责任心,以及学生反馈的满意度;四是教学设计工作质量指标,即专业、课程、教材设计的科学性、合理性,是进一步进行设计更正或优化的重要标准。

第二节 学生理论教学管理的原则

学生理论教学管理工作是学校管理工作中最重要、最基本的工作。学生理论教学管理既是对教学过程的全面管理,也是为实现教学目标而奋斗的目标管理。总的来说,高职院校学生理论教学管理的基本原则就是在学生理论教学管理实践中总结确立的客观规律,是根据高职院校教育的根本目标和任务,在总结长期积累的教育教学经验的基础上,经过不断归纳、修改而提炼出的基本要求。它是在进行学生理论教学管理工作过程中所应遵循的指导规范和行为准则,有效地指导学生理论教学管理的各项工作并始终贯穿于学生理论教学管理的过程当中。回顾现代学生理论教学管理的工作历程,无论是在学生理论教学管理的目标、内容、过程、方法、制度方面,还是在协调学生理论教学管理与其他各方面的关系方面,都是以教学基本原则来开展布置各项工作的。它不仅向我们揭示了一定的教学规律,还突出反映了在学生理论教学管理工作中应当遵循的基本原则。学生理论教学管理制度的建立与运行，对于高职院校教育教学工作起到了积极且不可替代的作用。

高职院校学生理论教学管理原则主要包括以人为本原则、以教学为主原则、循序渐进原则、综合把握原则、因材施教原则和师生协作原则等。

一、以人为本原则

教育的出发点和核心目的是培养社会需要的人才，而不同国家在对于"如何培养人才""培养什么样的人才"方面都有自己的见解和看法，据此也提出了明确的目标要求和工作方针，并制定出了较为规范的教育政策法规来确保教学工作的顺利进行。党的十八大报告指出"坚持教育为社会主义现代化建设服务，为人民服务，把立德、树人作为教育的根本任务，培养德智体美全面发展的社会主义建设者和接班人。"因此，高职院校在对教学工作进行具体管理的过程中，必须要熟悉、掌握教育方针和政策法规的精神内涵，才能从根本上统一认识，促进发展。

以人为本的原则是体现以人为主的管理，即学校管理工作的出发点和立足点都要把人放到中心位置，在学校管理工作中充分发挥人的作用。学生理论教学管理的主客体都是人，整个理论教学管理活动都是紧紧围绕人的活动开展实施的。因此，理论教学管理应以"以人为本"原则作为基础，其实质就是围绕"以教师为本""以学生为本"的基调开展理论教学管理工作。

"以教师为本"就是把教师的主导地位放在首位，在学生理论教学管理中充分尊重教师的劳动成果，最大限度地发挥教师的潜能，使教师成为主动参与教育教学的主体。在学生理论教学管理工作中应当以促进教师的发展为目标，将"尊重人、关心人、培养人"的理念贯穿于理论教学管理的各个环节当中；"以学生为本"就是把学生的主体地位放在第一要素，强化"管理育人、服务育人"的思想，在理论教学管理中牢固树立一切以学生为主的服务意识，优化教育教学管理模式，使学生个体更好地发挥自身潜能，成为全面发展的综合型人才。

二、以教学为主原则

教育的根本目的在于培养人才，而培养人才的主要途径就是教学。随着社会的不断发展，认识也在不断地深入，教学管理状态的稳定只是相对的。

特别是在科学技术突飞猛进和创新理念日益更新的今天，教育的改革和发展正面临着新的挑战。我们的学生理论教学管理工作绝不能因循守旧，墨守成规，必须依靠科学的创新思维来提升教学管理，注重以教学为主的创造性人才培养模式，满足时代发展的新需求。高职院校要卓有成效地实施培养目标，取得最优效果，就必须以教学为主，并围绕教学这个中心安排其他工作，建立正常的教育教学秩序。

以教学为主原则就是要求高职院校摈弃以往的"教学为管理"理念，从根本上落实"管理为教学"的全新思想。时代的发展需求对高职院校提出了新的要求，高职院校的学生理论教学管理不应该继续局限于以往的制度、框架管理式教学管理模式中，而是应当以发展的眼光准确把握和洞悉社会发展的新需求，积极转变教育教学观念，实行"弹性化"和"人性化"相结合的服务式教学管理模式，促进教学管理模式的创新，并通过灵活变通、多样化的管理方式，依靠科学的创新思维来指导教育、提升教学。

在学生理论教学管理工作中贯彻实施以教学为主原则，就是将学校工作的重心转移到教学管理当中，一切工作的制定、开展、实施都以协助教学、服务教学为根本，并要求教师严格按照教学计划、教学大纲进行教学，未经批准不得擅自变更教学计划或是降低教学要求，使教学工作沿着科学、健康的方向稳步发展。在实施教学的过程中，应从整体上把握以"学生为主体、教师为主导、训练为主线"的实质，要求教师做到熟知教材、授育人才，通过对学生的引导、启发、点拨及帮助，使学生探究、感悟、交流与提高。从真正意义上将"教"与"学"完美结合，实现和谐统一，力求让学生在"受课"之后各有所得、一举多得，从而达到提高教学质量、培养社会需求人才的最终目的。

三、循序渐进原则

事物的发展不是一蹴而就的，而是按照一定的轨迹循序渐进地进行的，学生理论教学管理也不例外。学生理论教学管理应遵循和把握的基本规律及原则是由教育教学的本质所决定的，并受教育过程的客观规律制约，又潜移默化地对教育教学的发展产生深远影响。在实施学生理论教学管理的过程中，研究并遵循教育的基本规律，包括对高职教育管理和教育管理过程规律的研究，并把握事物发展的客观规律，循序渐进地开展，对于确定正确的教育管理模式和组织实施教育管理策略、丰富和发展高职教育管理理论具有重大的理论意义和实践价值。

从历史的发展轨迹来看，社会的政治、文化、经济等方面的发展制约着教育的发展，同时，教育的发展又服务于社会发展的主流。因此，学生理论教学管理必须同国民经济和社会发展相适应，并根据理论教学管理的经验与实际不断地摸索、更正、深化。在学生理论教学管理的过程中，要按照教育教学的逻辑顺序和学生认识发展的顺序，抓住主要矛盾，妥善解决好重点与难点，有条不紊地进行。

教学的稳定是高职院校顺利开展各项工作的基础，一切的教学管理工作都应该在教学稳定的基础上有目的、有计划地进行，并依照一定的次序循序渐进地逐步展开。这个"序"既是指学生的自身特征，又是客观规律的体现；既是教师组织教学所应遵循的原则，又是学生主动学习所应遵循的原则。为了妥善处理好学生理论教学管理活动的顺序、理论教学管理活动的体系与学生发展规律之间错综复杂的关系，学生理论教学管理活动应当持续、连贯、系统地进行，从而使理论教学管理工作更加科学、合理地开展。

四、综合把握原则

学生理论教学管理是学校教育管理中最基本的管理，也占有重要地位，但不是唯一工作。学校除了对教学进行管理外，还有许多其他方面的事务工作。要实现高职院校的办学目标和管理宗旨，不仅要做好理论教学本身的管理工作，还要注意理论教学管理对学校其他管理工作的影响。为了使学校教育真正成为社会发展、人类进步的重要阵地，各级管理部门都应全面贯彻执行党和国家的教育方针路线，协调好教学与其他各项工作的关系，确保学生在各方面都得到均衡发展。在实施学生理论教学管理举措时，要综合衡量学校整体的教育管理，立足于党和国家的教育政策法规，并以此为依据，加大教育教学改革力度，从根本上改变现有的理论教学管理模式，破除以教师为中心、教材为指导的陈旧模式，实现以教师为主导、学生为主体的全面革新。

作为高职院校管理工作的重要环节，学生理论教学管理工作包含了较为丰富的内容，并与学校其他管理工作紧密相连、相互影响和制约。要有效地进行学生理论教学管理工作，不仅要注意理论教学管理内部各因素的相互作用，还应重视学校其他管理工作对理论教学管理的影响。教育管理活动必须科学地组织和调动教学系统内外各方面的积极性，从而更好地推动教育事业向前发展。

我国现阶段的教育目标是培养德智体全面发展的综合性人才，一切的教育教学活动都是为培养社会主义建设人才服务的。实施理论教学管理的过程，就是正确监控课堂教学过程，正确评价课堂教学效果以及正确总结课堂教学经验的过程，力争使每一堂课都实现教育与教学相结合、教育与教学相适应的全面发展的教育目的。做好学生理论教学管理工作，不仅仅是做好理论教学的常规管理，做好教师教、学生学、教务行政的管理，还应包括做好理论教学的实施管理，做好教学计划、组织、质量的管理。确保教授知识与能力发展相统一，确保理论教学管理的科学性与思想性相统一，确保学校整体教育管理的发展需求与政策实施相统一，促使教育教学的主客体朝着全面发展的进程发展。

五、因材施教原则

因材施教是学生的个体特征和身心发展规律在学生理论教学管理活动中的反映，它不但是我国古代教学管理经验的结晶，也是现代教学管理中必须坚持的一条重要原则，具有非常重要的参考价值。在高职院校学生理论教学管理过程中实施并遵循因材施教，对顺利开展教育教学工作、培养适应时代需要的创新型人才有着十分重要的现实意义。

把握因材施教原则就是从学生理论教学管理的实际出发，按一定的理论教学管理目标，使理论教学管理的深度、广度、进度更适合教学的主体和对象，同时，针对学生的个性特点和个性差异，采取不同的管理方法和措施，有的放矢地进行差别教育，加强理论教学管理的实效性和针对性，使学生理论教学管理工作获得最佳的发展，从而使理论教学工作更有成效。

学生群体是个别差异的客观存在。因此，在学生理论教学管理中，无论是从传授知识的角度，还是从思想政治教育的角度；无论是课堂教学管理，还是课堂教学考核，都应从一而终地贯彻因材施教这一原则，立足于学生的实际情况，在全面了解学生的年龄特征、性格特点、知识水平、兴趣爱好、身心状况、个性倾向以及品德发展状况等方面的前提下，采取具体情况具体分析的办法，有针对性地对学生进行理论教学管理工作。这就要求学生理论教学管理工作者要以发展的眼光看待学生，客观、全面、深入地关心学生、了解学生，正确认识和评价学生，并根据不同学生的特点选择不同的方法和内容进行教育，防止一般化、模式化、程序化。

六、师生协作原则

学生理论教学管理的过程实质上就是教师与学生之间的互动交流，师生关系是学生理论教学管理体系的重要构成因素，师生关系的好坏直接影响着理论教学氛围，影响着理论教学管理活动的组织和开展，也影响着理论教学管理的效果。从学生理论教学管理的实践和经验来看，融洽的师生关系，孕育着巨大的教育"亲和力"，师生之间的有效沟通，能够促使师生双方得到充分的尊重和信任；师生之间的团结协作，能够确保理论教学管理取得良好的进展和成效。

在学生理论教学管理中，教师主导作用和学生主体地位相协调，教师沟通与学生配合相协作，是开展各项工作所应把握的一条基本原则。只有弄清"教师主导、学生主体"的理论实质，才能在贯彻这一原则的过程中妥善处理好两者之间的关系，从而充分调动教师与学生的主观能动性，在"平等对话"的氛围中取得较为圆满的教学管理效果。

教师的主导作用与学生的主体地位是辩证统一、相辅相成的。教师为主导，是指在教学方法、教学内容和组织层面上要充分尊重教师的设计和决定；学生为主体，是指理论教学管理要面向全体学生，使学生得到全面发展。主导是对主体的主导，主体是主导下的主体。在学生理论教学管理过程中，应深刻认识到教师与学生之间相辅相成的关系，应当在互相理解、相互沟通的基础上，充分发挥教师的主导作用以及学生的主体作用。教师主导作用的充分发挥，是保证学生发挥主动性、积极性和创造性的必要前提；学生主体作用的充分发挥，又是教师发挥引导、教导、指导作用的直接体现。

第三节　学生理论教学管理的方法

我国高职院校教育事业的开展是为了人才培养目标的最终实现，而高职院校的人才培养目标随着社会需求的不同而不断变化，从最开始的"技术型人才""应用型人才"到后来的"实用型人才"，再到现阶段的"高技能人才"。因此，要准确把握社会发展及社会对人才的需求，深入扎实地进行高职院校的学生理论教学管理工作。不仅要端正办学思想，还应重视高职院校的教育教学质量，严格把控高职院校的人才培养观。应当在日常工作中加强对学生理论教学内容、过程和组织的监控和管理，及时解决和处理在学生理论教学管理过程中出现的各种问题，防止视而不见、见而不管情况的发生。随着社会人才需求数量的增加和质量的不断提高，各高职院校应当准确把握实际，尽快转变办学思想，以培养综合素质较强的高技能人才为目的。而高职院校的管理人员，应当充分把握高职教育教学的特点及要求，不断地开创理论教学管理新模式，以顺应时代发展的新需要。

高职院校学生理论教学管理方法主要包括制度推进法、明确职责法、质量管理法、信息管理法和激励调动法等。

一、制度推进法

制度推进法是指高职院校教育管理者依据党和国家针对学生理论教学管理所颁布实施的教育法令、决定、命令、规章、制度，并结合实际，运用学生理论教学管理相关制度对理论教学活动进行指导、监督、调节和影响。运用制度管理，有利于保证高职院校学生理论教学管理的制度化、规范化，有利于保障高职院校教育教学工作的稳步开展。

运用制度推进法来实施学生理论教学管理，首先，要依据国家的相关方针政策，客观分析，建立健全高职院校学生理论教学管理制度，做到有法可依；其次，要根据自身的实际情况，不断进行归纳、总结、修改及完善管理制度，以使制度规范合理化；最后，要严格依照相关制度进行学生理论教学管理，并将各项制度贯彻至整个学生理论教学管理的各个环节当中。如果不"依法办事"，再好的管理制度也只能是一纸空文。总的来说，就是在学生理论教学工作中，针对理论教学管理的不同内容制订出相应的规章制度，使管理真正做到"有制可依，有章可循"。在学生理论教学常规管理当中，健全学生理论教学工作领导体制，建立院、系两级教学管理机制，充分发挥教学管理部门和学生管理部门在整个理论教学管理系统中的职能作用。分别制定对教师"教"、学生"学"以及教务行政工作的要求，如《高职院校学生成绩考核办法》等，从学生日常上课、作业完成、成绩考核等方面进行细化要求，确保教学常规的顺利运行；在学生理论教学过程管理当中，对教学计划、教学组织、教学质量做出明确的管理规定，如《高职院校教学计划管理规定》，从高职院校人才培养目标着手，根据经济、科技、文化和社会发展的新情况，适时地进行调整和修订，从根本上推动教学过程的高质高效。

二、明确职责法

明确职责法是指对参与学生理论教学管理各部分、各环节的相关部门和人员，进行明确的岗位定位和职能划分，使各部门、各人员都能够清晰、准确地把握职权与责任，在各自的岗位上各司其职，解决管理部门定位不准、监管责任缺失、服务环节比较薄弱等问题，进一步提高学生理论教学管理工作的效率和质量，提高整体管理水平。

学生理论教学管理是对教学进行指导、监督和评价的过程，也是教学管理各部门实施具体工作的过程。如果对各部门、各岗位的工作职权和范围没有一个清晰的界定，那就可能出现有的工作很多部门都在管理、很多人员都参与，而有的工作却是无人问津的局面。也会造成出了问题需要协调，处理的时候不知道该找何部门、何人的尴尬局面。因此，要做好学生理论教学管理，就应当制定相应的条款，对理论教学管理的各项事宜、各个环节进行明确的分工、定位，使各部门的管理人员都能在各自的工作岗位上各司其职，团结一心，为理论教学管理，乃至学校其他管理工作贡献自己的力量。应实施以系部为主体的条块管理模式思路，进一步明确理论教学管理的各项职责。如在学生理论教学的常规管理部分当中，各系部对本系部所开设专业的理论教学常规管理负全部责任，教务处按学校规定对系部教学工作进行监督、指导、协调，并提供必要的服务；在学生理论教学的过程管理部分当中，各教研室负责拟订本专业理论教学的教学计划、大纲等内容，各系部负责组织调研、论证和理论教学方案、草案的拟订，教务处负责组织专家评审、反馈。

三、质量管理法

质量管理法是指借鉴美国质量管理专家休哈特博士提出的PDCA质量管理法，结合高职院校学生理论教学的特点，遵循科学的程序进行学生理论教学管理实践探索，经过计划、执行、检查、修正四个阶段，逐步摸索出符合高职院校学生理论教学发展需求，对学生理论教学管理有一定参考意义的管理方式，能够取得较好的管理成效。

当前，绝大多数高职院校都实现了学生理论教学的二级管理，加强了院系在学生理论教学管理中的作用。但是，由于职能的局限性，二级管理往往在学生理论教学管理工作中难以充分调动管理资源，使得管理质量低下，难以实现预期的管理目标。因此，为更好地实现学生理论教学的二级管理，应结合高职院校的实际，充分发挥质量管理法的作用，进一步促进学生理论教学管理模式的创新，推动学生理论教学管理水平的提高。利用质量管理方式，在学生理论教学管理工作计划阶段提出明确的方针和目标，并制定初步的管理规划，能使工作计划更加清晰，任务分工更加明确；在学生理论教学管理工作实施阶段根据已知的信息，设计出具体的管理方法，再根据设计进行具体的运作，能够使工作交流更加频繁，任务执行更有压迫感；在学生理论教学管理工作总结阶段分析总结管理的结果，明确效果，找出问题。对成功的经验加以肯定，予以制度化；对失败的教训进行消化，引起重视，并对尚未解决的问题提出新的解决途径，能够使任务完成更有成就，工作目标更加明确。只要准确执行质量管理思想，密切联系高职院校实际，就能使学生理论教学管理质量得到进一步提升。

四、信息管理法

信息管理法是指为了有效地开发和利用信息资源，在学生理论教学管理工作中利用先进的计算机与网络技术，将管理工作的各个环节及各项制度都利用网络进行管理、监督和评价，从而从根本上实现学生理论教学体系的信息化管理，使高职院校学生理论教学管理者与服务对象能够更加方便、快捷地发布、共享各项资源，加强沟通与工作成效。

计算机技术的广泛应用和网络的逐步普及，使各类信息资源更加地公开化、透明化，同时也为高职院校的管理工作提供了方便、快捷的服务。要想更加科学、高效地做好学生理论教学管理工作，从以往烦琐的事务管理当中脱离出来，使教学管理工作者真正意义上实现"管理资源共享"，使教学管理服务对象能够及时了解相关信息的发布和制度政策的制定，在进行学生理论教学管理工作部署时就应该积极推行信息化管理方式。一方面，要重视校园网的建设，使学生能够通过网络平台了解到自己关心、与自身有重要关系的相关信息，使教师能够通过网络的微课、网络视频等多样化形式实施开放型教学；另一方面，可以通过网络管理，加强与学生、家长之间的沟通联系，得到相应的信息反馈，并根据实际情况逐步改进教育教学及管理方法，促进管理的最优化。此外，通过信息化管理的实现，能够加强高职院校教学管理各部门、各环节的联系，使各项制度一目了然，各类流程清晰明了，各项职责分工明确，从而逐步实现化繁为简的工作模式，提升信息管理的运用能力。

五、激励调动法

激励调动法是指在学生理论教学管理活动中运用科学的激励理论和适当的思想动员,激发、调动教学团队的工作热情和积极性,充分发挥其主观能动性,使他们对教学产生炽热的情感,愿意自觉地、创造性地投入到工作当中,从而更加高质、高效地推动学生理论教学管理工作进程。

在学生理论教学管理中适度地运用激励调动法来提高管理成效,首先,要以高职院校理论教学团队的基本状况为根本的立足点和出发点,适度进行思想动员工作,激发他们的工作热忱,使其正确地把握和看待在实施教学过程中自身的实际情况以及自身所欠缺的关键部分,并愿意通过自身努力,不断提升自我素质修养,并运用目标激励法,把"大、中、小""远、中、近"的目标结合起来,使理论教学者在工作中每时每刻都将自己的行动与预定目标紧密联系;其次,要客观分析高职院校学生理论教学所面临的新局面、新问题,准确全面地将各种情况传递到学生理论教学管理活动的参与、实施者当中,并运用科学的激励理论,使整个学校上下一心,积极主动地贡献力量,共谋出路,从而从根本上解决问题。作为高职院校教学工作的领导者,应以身作则,有效调动教职员工的工作积极性。要善于运用支持激励法充分引导理论教学管理的参与者与服务对象提出创造性建议,把他们蕴藏的聪明才智挖掘出来,使得人人开动脑筋,勇于创造。并通过一定的奖励激励具有典型性的人物和事例,营造典型示范效应,将物质与精神奖励相结合,不断创新方式方法,提高对理论教学管理工作参与的积极性和创造性,推动各项决策的改革、创新。

第十二章
高职院校学生实践教学管理

实践教学是理论教学的继续、补充、扩展和深化，是高职院校通过指导学生进行实际操作和实地训练以实现素质教育和创新人才培养目标的重要阵地，无论是在锻炼学生的实践能力方面，还是在培养学生的创新意识方面都占据着十分重要的位置。要提高实践教学水平、增强实践教学效果，就要科学地对高职院校实践教学进行管理，通过制订良好的实践教学计划、组织与协调实践教学各个环节等方式，利用现有的实践教学资源有效地提高学生的技术应用能力和实物操作能力，从而实现高职教育的育人目标，推动高职教育的发展进程。

高职院校实践教学管理的含义可以表述为：按照高职教育的客观规律和特点，依据高职教育的人才培养目标要求，对学校实践教学活动进行有计划的组织、安排、控制、监督并全面实施的过程。随着现代社会的不断发展和意识观念的逐步转变，文凭已不再是求职应聘的唯一敲门砖，绝大多数用人单位已将实践和操作能力作为衡量员工综合素质的首要标准，这对高职院校的教学和人才培养提出了更高的要求。为顺应时代需求，应转变以往的教育教学理念，重视并加强对高职院校实践教学的管理，运用现代化教学管理方式，健全实践教学管理体系，实现实践教学工作的科学化、规范化、制度化。这不仅有助于加强对学生职业技能和职业素质的训练和管理，而且能够促进实践教学质量的提高，为增强学生就业竞争力打下坚实的基础。

第一节 学生实践教学管理的内容

实践教学是高职教育教学管理体系中的一个重要组成部分，是培养学生理论联系实际、提高学生综合运用所学知识和技能进行专业工作能力的关键环节。不仅在教学当中占有较大的课时比例，而且教学内容也十分丰富，涵盖了实验、实训、毕业顶岗实习、毕业设计（论文）等四大板块。因此，为了维护正常的实践教学秩序，实现实践教学目标，不断加强和改进对实践教学工作的管理，实现实践教学管理科学化、规范化，不断提高实践教学质量和管理水平，就成了高职院校学生管理的一项重要任务。总的来说，高职院校学生实践教学管理一般包括学生实践教学机构管理、学生实践教学制度管理、学生实践教学督查管理、学生实践教学计划管理、学生实践教学组织管理、学生实践教学条件管理等方面的内容。

一、实践教学常规管理

实践教学是高职院校教学的有机组成部分，也是突出反映高职院校学生教学工作成效的重要指标。认真抓好实践教学常规管理和深入开展实践教学研究是顺利完成实践教学任务、实现实践教学目标的主要途径。在进行高职院校学生实践教学常规管理工作中可以逐步系统化，其关键在于构建其系统运行模式和机制，保证教学信息流畅通有效，加强教学过程控制。

1. 学生实践教学机构管理

要做好学生实践教学各环节的工作，应从建立完善的学生实践教学机构着手，着重加强对学生实践教学机构的管理。高职院校学生实践教学机构由教务处牵头，设置实践教学管理科，负责对整个学校的实验、实训进行宏观管理，组织实验、实训的考核和评估工作；监督各院（系）进一步做好各专业毕业实习的组织、管理，毕业设计（论文）写作的组织管理与总结工作。各院（系）根据实践教学管理科的相关要求设置实践管理中心，主要进行实验室、实训工厂、顶岗实习及毕业设计（论文）的衔接管理。负责安排专人做好本院（系）实验、实训设备的准备和管理，督促各教研室做好各专业毕业实习的安排与检查，合理安排各专业学生毕业设计（论文）的收集与指导工作。

2. 实践教学制度管理

为了加强学生实践教学管理，提高实践教学质量，各高职院校立足本校实际，制定了学生实践教学管理制度。然而，随着社会对人才培养需求的不断变化，高职院校学生实践教学制度也会发生相应变化，这就要求从根本上做好学生实践教学制度的管理工作。一方面，确保学生实践教学各环节的顺利进行；另一方面，顺应时代发展的需要。应根据学生实践教学常规管理要求，以教育法规为指导，以实际需求为出发点，建立完善实践教学常规和学生实践规范等方面的规章制度。针对实验、实训、顶岗实习的具体要求，做好实验、实训、顶岗实习安全制度的管理，要求学生严格遵照实验、实训、顶岗实习制度和指导教师的要求完成实验、实训、顶岗实习，并逐步规范、完善学生毕业设计（论文）制度管理，以便顺利开展毕业设计（论文）工作。力求精练准确、简便易行，使之真正成为实践教学行为的准则。

3. 学生实践教学督查管理

学生实践教学是提升学生动手与创新能力的重要环节，也是存在安全隐患较多的教学活动。因此，加强学生实践教学督查的管理力度，对学生在进行实践活动中可能发生的问题提出具体的要求和防范措施就显得尤为重要。比如，通过要求实验室加强对学生实验中药品、器皿和实验过程的监管；监督实训工厂指导学生严格遵照实训要求穿实训服、戴钢盔，按照指导老师的要求进行实训；督促顶岗实习的学生在校外严格遵循学校和企业安全实习要求，通过加强同校内校外指导老师的联系等方式加强学生实践教学活动的督查力度，明确各职能部门的工作任务和职责，细化各阶段工作任务，扎实有效地开展实践教学活动，能够在一定程度上减少或减轻学生在实践教学活动中发生意外和危险的概率，确保学生实践教学活动的顺利开展，从而实现学生实践教学的人才培养目标。

二、实践教学过程管理

1. 实践教学计划管理

实践教学计划是指根据课程计划对教材进行重新设计，它是课程的具体化，是课程进入教学的中介；实践教学计划从整体上与人才培养目标相统一，结合师资技能等主客观条件，并以过程观为基本原则，指定学生活动的实施计划。

（1）实验、实训教学计划管理。实验、实训教学计划由任课教师根据教学大纲编制，与理论教学计划同时完成一并上报，也可混合编制，力争展开大纲规定的全部实验。实验、实训进程计划是学校组织日常实训教学活动的总安排，由教务处根据各系（室）上报的各专业实训计划，结合学校实训（实验）场地、仪器设备、师资等条件编制全校性的教学进程计划。在实施过程中不能轻易改变，若遇特殊情况需变更者，应提前向教务处提出申请，经同意后方可变更计划。应从整体上分配实践教学时数并提出教学时可能需要的教具和实验、实训项目，并根据具体条件进行实验、实训教学计划管理，要求教师严格按照实验、实训的性质，任务与目的要求，实验、实训内容或工种（岗位）安排，实验、实训注意事项，实验、实训报告，实验、实训考核办法等内容编制教学计划。

（2）顶岗实习计划管理。学生顶岗实习应根据人才培养方案要求和教学进程表规定的时间进行，若需调整，应及早提出计划，报教务处审查，并由分管教学的校院领导决定，各院（系）应结合企业或工地实际，组织有关教师制订出实习计划和要求。为了使实习要求更能切合企业实际，应落实聘请企业或工地方指导人员，安排实习有关内容等。指导教师应事先同企业或工地了解情况，落实有关问题。各有关教研室将实习计划、要求、实习时间、地点、实习内容、学生分组及指导教师等内容以书面形式在实习前两周报教务处审批。毕业实习前由各院（系）进行实习动员，明确实习任务与要求，毕业实习结束后，学生每人应写出实习报告并进行单独考核，以优、良、中、及格、不及格五级记载。在毕业实习结束后，指导教师及时将成绩报系和教务处，毕业实习成绩不及格者不能参加毕业设计（论文）。

（3）毕业设计（论文）计划管理。毕业设计（论文）是学生在完成了全部课程学习之后，结合毕业实习或生产实际进行的一项综合性实践教学活动。为加强管理、提高质量，应着重对毕业设计（论文）工作进行计划安排管理。毕业设计（论文）计划安排应在每年的10月－12月进行，首先由教研室根据各专业毕业学生人数进行毕业设计（论文）分组，安排相应的指导教师；指导教师根据学生的实际情况，结合专业特点组织学生进行选题，上报教研室；教研室主任会同系领导进行毕业设计（论文）题目的审定，根据学生意向、学生本人的实际能力、成绩以及课题的类型、分量、难易程度，结合指导教师的意见进行综合平衡，最后确定课题分配，并将最终选题结果进行汇总报系主任审批，督促各指导教师向学生讲明开题内容、形式、研究（设计）流程、写作要求和时间期限等具体要求，解答学生疑问，指定主要参考资料，并以书面形式将课题任务书下达给学生。

2. 实践教学组织管理

学生实践教学的组织管理由各系院（系）统一负责，按照实践教学计划的总体要求，由专业教研室同指导教师、辅导员（班主任）共同完成。学生教学组织管理要为教师的发展和创造性工作营造宽松和谐的环境和条件，做到有计划、有落实、有检查、有反馈。

（1）实验、实训教学组织管理。实践教学组织实施是根据已确定的实践教学文件，对教学全过程的一种管理活动。首先，由任课教师按大纲要求协同实验实训场地管理员准备好一切所需的器材，并做好仪器设备的检测调试、安全措施、数据整理和实验、实训报告的要求等；在授课过程中，由实践教学管理部门督促任课教师做好讲课、示范、操作、指导，启发学生手脑并用，训练技能、发现问题、解决问题；实验、实训人员在课后应认真填写实验、实训教学日志，同时督促学生做好实训器材和实训场地整理、清洁工作，并指导学生撰写实训日记、实训报告、实训总结等，及时向教学职能部门提供实训教学中的各种信息、建议或经验。

（2）顶岗实习组织管理。顶岗实习是实践教学环节的重要内容，是学校教育和教学工作的重要组成部分，是一门理论联系实际，掌握实践技能从而更好地进行理论学习的综合性实践课程。主要由各院（系）根据专业培养目标组织教研室制定顶岗实习大纲，督促各顶岗实习指导教师执行顶岗实习计划，做好实习前的有关准备工作，并指导各专业辅导员（班主任）做好学生的思想政治工作，了解和处理顶岗实习中的业务和生活问题，定期向院（系）及实习单位汇报；教务处实践教学管理科负责汇总各院（系）的实习计划，协助各系（室）建立顶岗实习基地，并对顶岗实习工作进行检查监督、评估、总结和交流。

（3）毕业设计（论文）组织管理。毕业设计（论文）题目确定后，由各系（室）进行毕业设计（论文）动员，向学生下达毕业设计（论文）任务书，由各指导教师向学生具体布置毕业设计（论文）工作，明确毕业设计目的及要求，指定必要的参考文献及资料，着手准备开题报告。开题报告通过后，各系（室）应随时督促指导教师对学生进行撰写指导，并开展毕业设计（论文）中期检查，检查毕业设计（论文）各阶段任务完成情况。及时将存在的问题、需要整改的部分反馈给各指导教师，由各指导教师负责指导学生进行修改、定稿，并按要求提交毕业设计（论文），进行毕业答辩的材料准备。

3. 实践教学质量管理

实践教学由实验教学计划、内容和方法、手段以及考试考核等环节组成，实践教学质量管理贯穿于实践教学的全过程。教学检查和考核是检查实训教学实施情况、考核学生掌握实践操作技能程度和应有能力培养状况的重要一环，主要包括检查实训教学资料、统计实训教学开课率、考核评分和实训教学中存在的问题和经验总结等。

（1）实验、实训教学质量管理。通常以各院（系）的实践管理中心对教学资料、教学开课率及实验、实训教学组织实施情况的检查作为衡量标准。主要是检查实验、实训教学文件是否齐全、规范，实训教学日志、设计图纸、实训报告、总结等综合材料的情况和教师批阅情况，并督促各教研室做好实验、实训教学原始记录,各学期实验、实训教学按计划执行情况以及实验、实训开课率等方面的信息汇总。以各教研室的教学准备、人员落实及组织实施情况,备课、授课、示范、巡视、指导、答疑考核评分情况和实训基地(实验室)管理、仪器设备维护、检测等情况为主要考核内容。

(2)顶岗实习教学质量管理。顶岗实习教学质量管理主要由各系(室)的实践管理中心负责,督促各专业辅导员(班主任)密切联系学生,了解学生顶岗实习的情况,并要求学生在规定时间内上交相关实习资料。教务处实践教学管理科依据各专业辅导员(班主任)上报的学生顶岗实习材料进行管理、归档。考核成绩的评定主要依据学生上交的实习周记、实习总结、顶岗实习考核表等内容。顶岗实习结束时每个实习生都应按质按量地完成实习周记,并对照实习要求、围绕实习过程检查自己的工作态度、方法、纪律等方面的情况,总结收获、体会和成绩,找出差距。明确今后学习的努力方向,改进学习目标,制定提高措施,并填写《实习总结》《顶岗实习考核表》,认真进行书面个人总结,顶岗实习指导教师根据实习生的表现,结合实习单位的意见写出评语、评定成绩,然后提交教务处。指导教师对本次实习质量进行分析与评价,提出对今后实习工作和教学改革的意见和建议。

(3)毕业设计(论文)质量管理。各专业学生完成毕业设计(论文)的撰写后,由教务处抽取一定比例的毕业设计(论文)进行抄袭检测,学生根据检测结果修改论文并提交指导教师,准备毕业答辩。这是毕业设计(论文)质量管理的关键环节,应严格把控毕业设计(论文)质量关。检测完成后,对于重复率较高的毕业设计(论文),应要求指导教师进行信息反馈,并取消相关学生的答辩资格,要求限期整改;对于重复率较低的毕业设计(论文),应作为本批次的优秀论文予以推荐;并及时组织其他学生参加毕业答辩。毕业答辩后,由各系(室)完成毕业设计(论文)纸质材料的审核、总结(包括任务书、开题报告、说明书、成绩评定表等资料)工作,教务处实践教学管理科对各系(室)上报的材料进行审核、存档,从而监控毕业设计(论文)的质量管理。

4. 实践教学条件管理

随着高职院校学生实践教学的稳步推进和实践教学比重的逐步增加,进一步做好学生实践教学条件管理,为实践教学提供人员专业、设施完备的服务体系,有利于加强实践教学质量,从而带动高职院校整个教育教学水平的提高。

(1)实践教学师资队伍管理。在实践教学的过程中,首先,应建立健全实践教学管理人员的岗位责任制,加强对学生实践教学人员的管理和考核。实践教学开课前,各任课教师和实践教学管理人员必须认真做好各项准备工作,检测仪器、设备和有关用品是否完备及是否处于良好状态;实践教学开课后,任课教师应向学生讲明具体的操作及安全注意事项,并对学生参与实践教学的情况进行考核;实践教学结束后,实践教学管理人员应及时清点和检查设施设备及用品,做好整理和保管工作。其次,建设"双师型"的师资队伍是运行实践教学管理模式的重要条件之一。高职院校应该制定长远的教师队伍建设规划,注重培养专业带头人、学术带头人和骨干教师,注重中青年教师的培养和提高,注重从行业企业聘用兼职教师,注重落实教师全员聘任制和岗位责任制,建立一支数量足够、结构合理、素质优良、师德高尚,既有较高理论水平,又有较强实践技能的具有高职教育特色的"双师"素质教师队伍。

(2)实践教学设施设备管理。学生实践教学设施设备完善,是确保整个实践教学工作顺利开展的首要条件之一,应加强对学生实践教学设施设备的管理力度。在管理体制方面,成立安全领导小组。派选对安全工作认真负责,具有丰富经验、操作熟练的工作人员担任安全工作责任人,根据实验室日常工作情况,研究制定符合该实验室特点的安全措施,消除安全隐患,预防事故发生,明确安全责任;在完善防护设施方面,针对实验实训室里各种教学器材,实验人员进行定期检查和登记,制定《实验室安全手册》。实验操作前和操作后对所有设施设备进行全面检查,操作有毒有害、有危险的实验时专门设置规范的屏蔽设施和操作空间。在实验室安装视频监控系统,对危险物品进行统一管理。制定应急预案,用来处理各种突发事件;在落实执行情况方面,应加大监督检查执行力度。实验人员每天定期检查,领导小组每月定期检查。对检查中发现的安全隐患及时提出整改意见并限期整改,使各项规章制度真正落到实处。

第二节 学生实践教学管理的原则

学生实践教学管理是当前高职院校发展的重要出发点,是教学规律在管理工作上的反映和应用。实践教学管理的目的和任务是贯彻党的教育方针,确保高职院校教学工作有计划、有步骤、有条不紊地运转。总的来说,高职院校学生实践教学管理工作主要依托于质量和规模相结合、教学和实践相结合、教育和教学相结合、系统和阶段相结合、定性和定量相结合、灵活和规范相结合等原则进行。

一、质量和规模相结合原则

实践教学在教学目标、任务和教学内容上的特点要求实践教学管理要把规模管理和质量效益管理有机结合起来。实践教学在教学目标、任务和教学内容上的特点首先要求实践教学要建立与之相适应的教学规模。因此，实践教学要立足于现有的实践教学条件，充分挖掘自身潜力，不断强化规模管理，增加实践教学环节或活动项目，充实实践教学内容，逐步健全实践教学质量保证体系，确保质量和效益的稳步提高。

二、教学和实践相结合原则

教学管理是以教学为管理中心的一切管理活动总和，实践管理则是以实践为管理中心的一切管理活动的总和。实践教学的基本属性和系统特点要求实践教学管理要把教学管理和生产、科研、社会实践管理有机结合。

课堂教学是理论教学最基本的组织形式，实践教学管理既要根据自身特性体现自身的管理特色，又要在管理的各个环节和层面上，如教学目标设定，任务明确，体系构建，教学内容、教学环节和活动的计划安排等若干方面，自觉地协调与课堂理论教学的关系，使实践教学和课堂理论教学融会贯通。

三、教育和教学相结合原则

实践教学在教学目标任务和系统上的特点要求实践教学管理要把教学管理和教育管理有机结合。一是要在保证完成基本的实践教学任务的基础上，自觉地将素质教育的内容融汇到实践教学中去；二是要把实践教学和其他教育活动管理有机结合。这样有利于激发和调动学生的学习主动性、积极性，而且有利于综合开发实践教学资源，提高实践教学的综合效益。

四、系统和阶段相结合原则

实践教学在组织形式上、效益上要求实践教学管理要把系统化管理和阶段化管理紧密结合。既要把实践教学体系和每一个环节或活动作为相对独立完整的教学系统进行管理，又要根据实践教学活动周期长的特点将整个管理过程划分为若干阶段组织实施，明确阶段管理目标、任务，分步骤得以落实。

五、定性和定量相结合原则

实践教学要求把定性和定量管理有机结合，是指在管理中本着全面、公正、客观的管理原则，针对实践教学体系和各项实践教学活动的具体特点，设定定性管理和定量考核指标，并与整个教学管理及其他有关学校管理工作直接挂钩，是定性和定量管理有机结合的程度体现。

六、灵活和规范相结合原则

实践教学在组织形式上要求灵活性和规范性相结合。既要针对实践教学的特点，明确相对统一的管理思路、管理目标和任务，制定相对统一的管理要求和标准、规范管理的活动程序；又要针对实践教学的个性特点，按照管理层次，明确管理职责、管理目标和任务，层层下放管理权限，充分发挥学院、指导教师和学生的管理职能。鼓励指导教师采用灵活多变的教学和组织管理方法，给学生营造宽松的学习和自我管理空间，进而提高实践教学的教学效益和管理效益。

第三节　学生实践教学管理的方法

学生实践教学既是教学过程的重要环节，又是培养应用型人才的首要突破口。为加强高职院校对学生实践教学工作的管理，进一步完善落实实践教学新体系，使教学能够紧密地与生产实际需要相结合，应及时转变教育观念和教育思想，加强对学生实践教学重要性的认识，对实践教学进行科学化、规范化管理，保证实践教学工作的顺利进行。高职院校学生实践教学管理方法主要包括教学质量控制法、管理制度制约法、评价机制激励法、理论实践结合法和校企合作推进法等。

一、教学质量控制法

教学质量控制法是指将全面质量管理理论引入实践教学，确立涵盖全部实践教学环节的全方位的质量管理体制，构建贯穿实践教学全过程的质量监控体系，以此作为衡量高职院校学生实践教学成效的主要标准。

教学质量是高职教育发展的核心，是高职教育的生命线，是高职院校得以生存与发展的立足之本。教学质量监控是保证教学质量不断提高的重要方式，其目的是通过对实践教学质量的动态管理，促进学校合理、高效地利用各种资源，顺应社会环境的变化，从多方位开展实施教学质量监控。其内容主要涵盖了对实践教学人才培养目标、教学计划、教学过程、学生信息反馈等方面的控制。不仅是适应新时期高职教育发展的客观需要，也是以教学质量监控内容为中心，努力提高高职院校人才培养质量的必要手段。应通过加强调查研究，编制科学、实用的教学指导性文件，通过听课、教学检查、学生评教、实践操作等方式实现监控目标的目的，并逐步建立实践教学情况档案，严格遵照相应标准执行考核，全面提升实践教学质量。

二、管理制度制约法

管理制度制约法是指在进行学生实践教学管理的过程中，通过建立健全实践教学管理制度，严格实践教学管理规范，以约束管理工作者、教师与学生在实践教学活动中的行为，突出实践教学的管理力度。

实践教学管理不应该是随意性的教学活动，需要建立完善的科学制度予以规范，从制度上规定实践教学管理的内容、运行机制、过程管理以及目标管理。高职院校必须建立健全实践教学管理体系，运用现代化的实践教学管理系统，弥补现有实践资源短缺造成的实践教学困难，科学规划，有效合理地利用实践教学资源，为培养具备综合素质的高职人才奠定基础。在实践教学管理中，必须以提升实践教学的教学基础为研究点，加强实践教学制度管理，实现目标管理与过程管理并重。在实践教学变革过程中，必须对传统的管理形式进行合理有效的分析，在现有教学基础的前景下突出实践教学的重要性。据此制定相应的管理制度，涵盖实验、实训、顶岗实习、毕业设计（论文）等各方面、各环节的内容，明确各部门、各岗位的职责和义务，明确涉及的岗位和部门在实践教学活动中的考核、评估、检查、验收标准，以规范实践教学管理人员、教师、学生的行为，促进各部门、各人员之间的相互支持、协调统一。

三、评价机制激励法

评价机制激励法是指通过建立科学、合理的评价管理机制，正确运用考核评价机制，充分发掘内部潜力，不断提高学生实践教学管理者、教师及学生的能力，以保证高职院校学生实践教学工作的有效开展，更好地为高职院校改革、发展提供有力的保障和服务。

目前，高职院校的学生实践教学管理较为松散、随意，各专业缺乏科学的实践教学计划、实践教学大纲，实践教学内容和课时与市场需求存在较大距离。对实践教学的实施缺乏科学、严格的管理，没有行之有效的贯穿实践教学全过程的质量监控措施，实践教学的质量难以保证。要提高实践教学成效，应从整体把控评价机制激励的实质内涵。一方面，要积极借鉴国外高水平高职院校职业教育管理经验，尝试在实践教学管理改革中，建立有利于全员参与实践教学质量管理的激励约束机制，研究实践教学管理与学生职业素养养成的内在联系。在提升学生实践教学管理地位的同时，给予实践教学教师以精神层面的激励；另一方面，应强化检查力度，监督学生定期进行实践活动，鼓励学生在实践中提升自身操作经验。逐渐引导学生树立学以致用的学习理念，建立正确的导向，发挥管理机制的作用，让工作人员以现有发展模式为管理基础，按照学院的实际要求，确定合理的评价机制。

四、理论实践结合法

理论实践结合法是指在学生实践教学管理的过程中，不仅要注重在实际管理当中所呈现的主要问题，还应充分运用在以往的学习、工作中吸收的理论知识，采取科学、有效的方式把理论与实践相结合，理论作为实践的参考标准，实践作为理论的产生依据，以此来进行实践教学管理。

理论与实践教学管理在整个教学活动中占有同等重要的地位，仅有实践性而缺乏理论性和仅有理论性而缺乏实践性都不是指导教学活动的有利条件，应合二为一，在此基础上不断地整合、总结、完善。理论与实践教学管理的并重，就是注重两者在整个教学活动中的比重，实现功能性的平衡，既满足学生对理论和实践的需求，又促进了教学品质和目标的实现。一方面，在制定人才培养方案时，应从培养应用型、创新型人才的需要出发，协调理论教学和实践教学时间的比例，要打破传统的学科界限，使高职的实践教学内容服务于所要解决的职业领域的问题，高职实践教学管理模式的选择也要注意与市场实际情况相衔接；另一方面，为适应实践教学的需要，高职院校必须以人才市场的需求为核心，按模块设计课程，综合考虑知识结构、应用技能与特殊个性化需求等因素，对现行课程体系重新整合。应在不断地摸索当中适当增强创新意识，增加社会、教师与学生需求性的比例，结合上级规定制定各种管理方案，以指导实践教学管理，并在实践教学活动中不断总结、归纳得出符合高职院校自身发展特点的理论指导依据。

五、校企合作推进法

校企合作推进法是指高职院校与企业建立一种长期的合作模式，将实践教学活动的阵地逐步转移到真正的实践场所，按照突出应用性、实践性的原则进行管理改革，以推进高职院校学生实践教学活动，加快学生实践教学管理工作进程。

随着社会竞争的日益激烈，各高职院校为谋求自身发展，抓好教育质量，纷纷采取与企业合作的方式，有针对性地为企业培养人才，注重人才的实用性与实效性。同企业建立长期的合作关系，将实践教学搬进企业正逐步成为一种全新的人才培养模式。因此，要实现学校与企业资源、信息共享的"双赢"，高职院校应以应用为目的，根据社会经济发展的变化不断调整、优化课程体系结构，重视专业技能实践性环节的落实，彻底打破三段式的教学模式，真正实现专业理论与实践教学比例的1：1；应以前期按专业大类培养，后期分专业方向训练为具体思路，制订切实可行的、多样化的、柔性教学计划，把自由选课制、分绩点制、弹性学习时间制、间修制、主辅修制等纳入学分制管理范畴，加强实践环节教学，探索工学结合的人才培养模式。比如，可以根据企业用工需要与生产一线人才的要求，将半年实习时间改为一年，实施"2+1"的人才培养模式；成立就业实习中心，实施企业法人管理机制，建立实习、就业、职业规划设计指导三支队伍，以保证"2+1"人才培养模式的顺利实施。

第十三章
高职院校学生社团管理

共青团中央、教育部《关于加强和改进大学生社团工作的意见》中指出:"大学生社团是由高校学生依据兴趣爱好自愿组成,按照章程自主开展活动的学生组织。高校学生社团活动是实施素质教育的重要途径和有效方式,在加强校园文化建设、提高学生综合素质、引导学生适应社会、促进学生成才就业等方面发挥着重要作用,是新形势下有效凝聚学生、开展思想政治教育的重要组织动员方式,是以班级年级为主开展学生思想政治教育的重要补充。"在高职院校中,社团作为不可或缺的学生组织,其发展状况反映了高职院校的办学理念,专业特色,创新、管理机制以及立足社会的校园文化。高职学生借助于类型各异的学生社团,展示其多样化的个性存在,表达着多样性的个人诉求。学生社团在学生的专业知识获取、思想品德建设、综合素养提高、校园文化塑造等方面发挥着重要的作用。

第一节 学生社团管理的内容

高职院校学生社团是教学活动的一种必要的延伸。高职院校的学生管理需要采用先进的教育管理理念,以灵活的方式对其进行管理。建立一定的学生社会团体让其进行自我管理,是提升高职教育管理水平的需要。学生团体的建设和组织还可以丰富学生的课余生活,愉悦学生的身心,发展学生的综合素质;也可以帮助高职学生进行思想政治教育方面的提升。高职院校学生社团管理内容主要包括社团组织管理、社团监督管理、社团活动管理和社团经费管理等。

一、社团组织管理

高职院校应该加强对学生社团的引导和管理,只有将社团发展工作纳入学校管理的工作范畴中，才能更好地发挥学生社团的作用。在进行学生社团的管理中，要有一定的目标和计划，制定科学合理的管理制度，使社团能够真正发挥其应有的功能。学校各职能部门也应该各司其职，认真担负起学生社团的教育督导责任。基于学生社团类型的多样化，我们在进行学生社团管理时，对学校学生会应该进行特殊对待，将其列为群众性的学生组织；对于其他的社团则按照普通学生社团来处置。在社团组建过程中，涵盖了科技、文艺、体育、思想教育、学生管理服务等多个方面，涉及的人员多、范围广，因此，应该强化高职院校团委对学生社团的指导功能，对于学生社团的创办要出台一定的严格审批程序，对于学生社团的认定要进行一定的监督，对于一些较为重要的校级社团，应该在校团委的指导下进行一定的挂靠，通过老师的指导来促使他们开展工作。在各个社团成立过程中，都必须制定严格的章程和管理制度，规范社团的活动行为，使得社团活动有条不紊地进行。还应该建立社团退出机制，解散一些不符合条件的社团，保持高职院校学生社团的健康活力。只有在发展的过程中不断地对社团管理制度进行完善，才能使社团的发展越来越规范化，达到预期的目标。高职院校团委应及时对一些有着突出贡献的社团和社团负责人进行表彰，以激励社团负责人朝着更好的方向和更高的目标去努力。

二、社团监督管理

学生社团的发展离不开老师的正确指导，只有明确了学生社团挂靠机构的责任，使职能部门的领导和老师承担起指导职责，才能使学生社团更好地发展。因此，在对学生社团进行管理时，明确各社团的挂靠机构和老师也是一项十分重要的管理内容。在管理过程中，应该让所有的学生社团都挂靠在高职院校的各职能部门或院（系），明确每一个社团的发展方向和目标。一般来说，挂靠的职能部门或院（系）应对社团的成立、变动进行审核，并为学生社团派出专业指导老师。指导老师要对社团的组织者和骨干成员进行考察，把那些具有较强组织能力和责任心的同学推荐到社团的重要岗位，充分发挥他们的才干；要对学生社团的活动计划进行审查并提出指导意见，保证学生社团活动健康有序地开展；在学生社团发生重大变动时，指导老师要积极干预，必要时可对学生社团的章程提出修改意见并组织实施学生社团组织机构的重建工作，对学生社团负责人进行教育培养，让其无论在学习成绩上，还是组织能力上都要为其他同学树立榜样。除此之外，指导老师还要对社团成员的思想动态进行了解，以便在出现突发事件时能够很好地控制，维护好校园的稳定秩序。

三、社团活动管理

社团活动是高职院校教育教学活动的延伸，是活跃校园文化的一项重要的手段，应该具有一定的育人功能，只有发展有一定内涵的社团活动，才能在社团发展的过程中保证其对于学生的吸引力。学生社团活动内容的丰富使得社团内涵得到进一步的提升，这样就可以让学生充分领略到社团活动的魅力，从而以更加积极的心态投入到社团的发展建设中来。社团活动也会对学生人生观、价值观、世界观造成潜移默化的影响，提升社团活动的品位，才能使校园文化建设获得更好的发展。高职院校学生社团在举办活动时有一定的自主性，同时也有一定的盲目性。因此，我们应注意加强学生社团的活动管理，支持学生社团举办有益于身心健康、技能培养和综合素质的活动。要求学生社团在举办活动之前，活动方案经指导老师审核后，必须报主管部门或院（系）审批。要注意活动的积极意义，确保每一次活动都能够有效地提升学生的某项素质。如果出现一些与学生社团章程相违背的现象，要果断地予以制止。特别注意，对一些具有安全隐患的活动，要在排除安全隐患、确保师生安全后方能进行。

四、社团经费管理

社团的维持发展，必然涉及经费。目前，高职院校社团经费来源主要有会费收入、学校拨付和社会赞助三个渠道。经费充足的学生社团，活动相应地开展得丰富多彩些。高职院校应建立科学、合理、规范的社团经费管理办法，加强对学生社团经费使用的指导与管理，要监督社团经费的使用去向和使用成效，确保各项经费切实用在学生社团各项实际有效的工作上。同时，要加大学生社团专项经费投入力度，为学生社团开展活动提供必要的物力、财力保障，鼓励学生社团积极利用专业优势和团队优势组织面向师生和社会的各种服务项目，支持学生社团为筹措经费广辟渠道，规范学生社团寻求社会赞助的行为。

第二节 学生社团管理的原则

高职院校学生社团活动虽然是一种自发组织行为,但是依然需要得到学校的管理、资源保障,才能顺畅地进行。社团管理原则体系构建,需要以高职院校学生社团发展规律为基础,全面反映社团未来发展的基本思路和客观要求。高职院校学生社团管理原则主要包括自主管理原则、科学管理原则、民主管理原则、多样化管理原则和动态管理原则、统筹管理原则等,只有坚持这些原则,高职院校学生社团管理才有可能沿着科学、健康的可持续发展道路不断创新与前进,从而发挥辅助高职院校教育的功能和价值,提升社团成员的专业技能、业务水平、综合素养及职业能力等。

一、自主管理原则

高职院校学生团体的形式多种多样,既有全校性的综合性社团,又有各院(系)的专业性社团。高职院校学生团体创建有着很强的自主性,本着服务同学、共同进步的原则,社团发起人可以自由地向学校社团主管部门申请,自主创办社团。学生按照社团的章程,经过申请就可以加入并参加社团的各种活动。社团一般来说都是学生自发自愿组建的群众性团体,既有以共同的兴趣爱好结合到一起的,也有以共同的发展学习目标结合到一起的。

目前,我国正处在社会转型的重要时期,大学生受经济信息全球化发展的影响,思想上展现了独立、多变、差异等特点。高职院校在加强学生社团管理的同时,应该强调尊重学生主体,充分发挥学生社团的自主性,宏观引导学生社团组织的健康发展,鼓励成员自主探究、策划活动的内容及形式等,从而完成对学生创新意识和综合能力的培养。相对其他形式的学生组织而言,学生社团活动具有一定的自发性、多样性,注重学生自己策划、组织、参与,反映了学生自主意识正在逐步增强。另外,自主管理原则指导下的学生社团管理,还需要贯彻以人为本思想,尊重学生的个性差异,引导学生个性发展。在市场经济体制运行条件下,高职院校学生参与社团活动的兴趣愈加浓厚,希望借此丰富自己的专业学识、激发自己的潜藏能力、增加自己的实践机会。因而,当代大学生参与社团有着很强的理性和目的性。高职院校学生强烈的爱国心、使命感、独立性等特征,决定了学生社团管理必须要加强以人为本思想的渗透，力求打造自主发展、自我创造的平台，关注学生的个性化发展，服务于学生的教育需求，给学生创造自我升华的条件。学生社团管理要具有一定的针对性，以促进学生全面、个性发展为根本目标，努力实现学生的自我价值，这于学生而言是激励自己奋进的有效途径。学生社团营造了良好的文化实践氛围，是大学生个性发展的重要载体，对培养时代需求的实务型、创新型人才具有积极的作用。

二、科学管理原则

学生社团作为高职院校文化体系中不可或缺的一部分，其管理是一项系统工程，需要科学地进行。学生社团管理是高职院校思想政治教育的主要途径之一，有利于培养大学生完善的思想政治素养和良好的人格魅力。同时，学生社团作为高职院校教学"第二课堂"，有利于学生创新意识和实践能力的培养。学生社团更是搭建了学生与社会之间的桥梁，是倡行理论联系实践观念的重要领域。因此，高职院校各级领导及教职工不仅要重视学生社团管理，还要树立科学发展观，正确地定位学生社团管理，将之视为贯彻党的教育方针、践行素质教育的重要手段，并把它纳入到校园文化建设工程中，从战略的高度出发，规划全局。在此基础上，高职院校各级管理部门需要充分发挥自身的职能，及时、恰当地给予学生社团建设支持、引导和帮助，形成以校党委领导、行政支持、团组织管理为一体的生态格局。

高职院校除了宏观把控学生社团组织的建设与发展方向，科学地定位管理外，还应该重视动态监管，对学生社团实施分类管理，这也是科学管理原则的另一层内涵。现阶段，大多数高职院校学生社团已成立了自主管理机构，如社团联合会或社团管理委员会，并通过民主、公开程序选拔了一批骨干成员，保障了相关活动的顺利开展。但是，仅凭这一点还很难保障学生社团的健康、持续发展。具体而言，学生社团若想实现有序发展，还需要建立一个科学的组织管理模式。由于高职院校学生社团数量繁多、种类各异，实施科学分类管理显得尤为重要。例如，针对理论学习型学生社团，高职院校应该加大扶植力度，搭建人生观、世界观、价值观培养平台；针对学术科技型学生社团，高职院校应该协同有关企业积极建设实践基地，从而激发学生的创新实践热情。

三、民主管理原则

学生社团是因共同的兴趣爱好而自发聚集的组织。每一位成员都应该充分利用自己的聪明才智,以团队协作精神为指引,为谋求整个社团的共同利益、健康发展而不懈努力。作为一个自发性质的组织,学生社团管理应该实行内部民主管理体制,坚决抵制个人主义的渗透或侵染。一旦个人主义现象在学生社团建设、管理中泛滥,势必会影响学生参与的积极性,使得学生社团原有的价值和作用发生质变。为此,高职院校学生社团管理中要建立完善的考评制度,适当地引入竞争机制和激励机制,以谋求社团全面发展为出发点,有效地把成员团结起来,在精神上形成一种聚合力。学生社团组织具有自发性的特点,一切有关社团工作决策的事宜应该集体讨论决定,包括内部管理制度和社团活动机制,切忌个人独断专行,满足自主管理原则和民主管理原则的共同要求。

学生社团管理要符合社会主义核心价值观的要求,努力建立整个社团统一的目标、精神和文化体系,树立全体社团成员正确的价值观。这些内涵的外在集中体现为学生社团管理规范的指导思想和基本原则,展现出社团良好的感召力、战斗力、凝聚力以及吸引力。当然,学生社团的集体价值观并不否认个人利益的客观存在和追求,它在管理中应该实现整体利益与局部利益的协调整合。这就要求学生社团管理组织有全局观,既承认和尊重个体独立的人格和价值,又讲求"小我服从集体",指导学生正确地处理集体与个人之间的关系,弘扬自我个性的同时,以全局观引导产生有效行为。简而言之,高职院校学生社团管理的自主性原则、科学性原则与集体性原则之间并不存在冲突,它们呈现了一种相辅相成、相互渗透的关系。

四、多样化管理原则

多样化管理原则,主要包括主题多样化和手段多样化两个方面的深层含义。其中,学生社团管理主题多样化是指理解和接受学生社团活动主题丰富多变的特点,"一花独放不是春,百花齐放春满园"才是学生社团风格的真实写照。对于学生社团管理而言,多样化原则与科学性原则相互照应、渗透,两者的主旨都是强调尊重学生个性差异,并最大限度地将不同学生个体之间的这种差异发挥到极致,这是素质教育的基本要求。因而,关于学生社团管理中坚持的主题多样化原则,在此不做重复论述。

学生社团管理手段多样化，要求实现学校教育手段与社会化手段相结合。浅层次上讲，高职院校学生社团管理属于一种院校行为，必然要遵循高职院校的运行规则和规范，但是，学生社团活动中或多或少地都关系到一些社会实际，知识经济时代背景下，我们也可将之理解成一种经济行为。学生社团管理的重点不再是单纯地传授知识，更重要的是把学生放到市场经济环境中进行历练，以培养他们的经济意识、理财能力、团队精神以及职业素质等，为促进大学生顺利择业、就业夯实基础。因此，高职院校学生社团管理过程中，既要坚持传统的学校教育方式，又要适当地借用社会化手段，使学生社团管理在全新模式的牵引下，与社会生活实际更加贴近，以提高学生社团管理的实效。值得注意的是，学校教育与社会教育融合在学生社团管理上的建设是一个系统化工程，不是单凭一方努力或一时兴起就能完成的。这需要国家及教育主管部门出台一系列的引导政策和保障制度，充分发挥连接学校与社会的职能，鼓励双方为之不懈努力。在这个全民教育的时代，学生社团管理遵循管理手段多样化原则势在必行。

五、动态管理原则

事物的稳定是相对的，而发展变化是绝对的。当前，高职院校学生社团所处的客观环境和自身发展变化十分迅速，对社团的管理要坚持动态管理原则，不以一时的得失论成败，衡量一个社团是否有价值，在决定成立或取消某一社团时，也一定要从长远角度全面考虑，不可草率。学生社团管理应做到思路开阔，思维敏捷，自觉经常捕捉新信息，分析新情况，尊重社团规律和特点，大胆创新，尝试一切有利于社团发展的模式和做法，使社团保持张力、吸引人的风格和闪光点。在高职院校学生社团管理中保持既要严格认真，又要生动灵活，有统有分、有刚有柔的特点，做到管而不死、活而不乱，处理好管与变、稳定与发展的关系。既然是管理，就要有规定、有章法，以保持社团发展的正常和稳定，但是随着情况的变化，规章制度都应适时进行调整。这样，才有利于学生社团功能的合理化，有利于为管理过程提供经验支持，有利于使学生社团更加了解自身工作，从而变得更活跃、成熟。

六、统筹管理原则

统筹管理是通过对部分的组合达到整体最优的管理。整体最优不是部分最优的组合，也不是个体最优的集合，而是由个体构成的部分与部分之间有机的组合，其功能达到整体最优，即实现1+1＞2。高职院校学生社团管理不是单一的行为，它必须与学校其他系统建立整体关系，必须服从整个学校战略发展的需要。一个学校往往有几十乃至上百个学生社团，学校人力、财力、物力有限，无法做到对所有社团均衡投入，但全校社团活动又应该做到"一盘棋"。因此，各学生社团应在年初上交年度工作计划，再由社团协调组织统一安排活动内容、时间、设施场地等，以避免社团活动出现过于频繁和重复的撞车现象。

第三节 学生社团管理的方法

学生社团是高职院校校园精神文化建设的重要组成部分，是学校思想建设的重要场所，也是学生学习实践的第二课堂，学校思想的传播有赖于社团活动的帮助，学生社团健康、有序发展意义重大。社团的文化宣传力量是巨大的，并且能够深入人心。在深化教育教学改革的新形势下提倡素质教育，我们应该完全和正确认识学生，加强对学生社团的引导和管理，充分发挥其在校园文化建设中的重要作用。因此，高职院校在对社团进行管理时必须采取全面、科学、高效的管理方法，使得学生社团在新形势下良好地发展下去。

高职院校学生社团管理方法主要包括科学管理法、物质保障法、干部培养法、交流平台构建法、专业指导强化法、自主参与法、团体精神强化法和分类管理法等。

一、科学管理法

首先，高职院校要加强对学生社团的领导，对学生社团管理进行科学定位。学生社团是校园文化的重要组成部分，对大学生具有良好的思想政治教育作用，而且它也是大学生学习实践的第二课堂，能够极大地培养大学生的创新精神和实践能力，学生社团的大部分活动是在社会上开展的，在很大程度上提升了大学生的社会适应能力。以此看来，学生社团与高校普通教学工作具有很大不同，这就需要学校党委加强对学生社团的领导，正确把握学生社团建设和发展的方向，给予学生社团最大的支持、帮助和指导，积极推进学生社团的科学定位，以吸引更多的大学生加入其中，将学生社团的作用发挥到最大化。其次，要进行动态监督，分类管理。大学校园中学生社团众多，种类丰富，为了确保学生社团管理更加规范，就需要高校成立专门的社团管理机构，该机构应由领导、辅导员、社团骨干成员共同组成，在校党委、团委的统一指导下，共同完成对学生社团的动态监管，及时解决各个社团中存在的问题。同时，将种类丰富的社团进行分类，如公益服务型社团、学术科技型社团、兴趣爱好型社团等，根据不同的社团类型进行有针对性的管理，以促进学生社团健康有序地发展。

二、物质保障法

学生社团的健康发展需要完善的物质保障作基础，物质保障主要包括政策保障、人员保障、经费保障和设施保障，高职院校党委、团委和各职能部门要充分发挥自身的作用，切实满足学生社团发展所需的物质需求。从组织上支持、关心学生社团的发展，指导社团活动各阶段的顺利实施，为学生社团的发展营造一个良好、宽松的氛围。加大对学生社团的资金投入，设立社团发展的专项经费，满足学生社团发展的资金需求。选拔优秀的导师或聘任社会上专业人员深入学生社团，开展社团活动的指导工作，帮助学生社团沿着正确、科学的路线发展。同时，学生作为社团的主体，学校要鼓励学生积极参与社团活动，充分调动学生在社团活动中的创造性和主动性。此外，高职院校要充分掌握社团建设和发展的规律，并从本校实际情况出发，探索出一条适合本校学生社团发展的新路径。

三、干部培养法

社团骨干是学生社团发展的"领头羊"，学生干部队伍的素质直接影响着学生社团的活动质量、管理水平和发展前景，他们的思想、言行对社团成员带来很大的影响，而且学生社团的健康发展和成员之间的凝聚力与社团骨干的思想意识、工作方法等息息相关。责任心强、心理状态较好、善于沟通是社团干部的基本素质，此外，一名合格的高校学生社团干部更应该具有基本的管理知识，了解社团发展规程。学生干部不培训，不关心，只凭其热情投入工作，社团将无法长久。学生的心智终究还不健全，承受能力有限，被打击后很容易就减退热情，从而严重影响到学生社团的平稳前行。因此，高职院校要做好学生社团干部的选拔、教育、培养工作，在整个学生干部培养体系中也要融入学生社团骨干的培养计划，不断加强对社团骨干的思想教育和工作能力的培养，提高社团骨干的综合能力，使其能够在社团活动中起到组织带头作用，依靠社团骨干的影响力来实现对整个大学生群体的教育，从而促进学生社团的健康发展。

四、交流平台构建法

以前的学生社团活动只局限于校园内部，学生难以真正提高自身的实践能力和对外沟通能力。随着大学与社会交流的日益密切，当今"90后"学生作为大学生群体的重要组成部分，他们提升自身综合能力、与人交流的意识更为强烈，这就要求学生社团要转变以往封闭式的发展模式，积极开展社会化的社团活动，与社会、企业、同类院校进行交流与合作，不断开拓大学生的视野和思维空间，提升大学生的综合素质，使其能够及早地接触社会、适应社会，为将来走上社会打下坚实的基础。高职院校要构建交流平台，指导学生社团之间加强交流，并推进校际活动，实现社团之间的优势互补和资源共享，不断提升社团组织、策划、实施的能力，促进学生社团健康、稳步发展。

五、专业指导强化法

高职院校的社团管理部门和教师在学生社团管理工作中发挥着重要作用，因此，必须要提升指导部门及指导老师的专业水平。将社团指导教师的培训纳入整个教师培训计划之中，不断提高指导教师的专业水平和实践经验，同时，制定科学合理的考核体系与激励体系，激发教师指导社团活动的积极性和责任心。社团活动的质量对学生综合素质的提高具有重大影响，指导部门和指导老师要依靠自身的专业知识和实践经验帮助学生社团提高活动层次，在社团活动中融入教育性、娱乐性和知识性，切实增强活动的针对性和实效性，以吸引大学生广泛参与，从而推动学生社团的健康发展。

六、自主参与法

首先，要充分地给予大学生自主策划、自主参与的权利。当今时代的大学生具有较强的独立性和多变性，而且自主意识较强，他们更多地希望在各种事物中通过自己的实力来证明自己。学生社团给大学生提供了一个良好的平台，学校只需在宏观上加强对学生社团的指导与管理，社团活动应由学生自己去组织、策划、实施，给予学生充分的自由，以此来培养大学生的创新能力、领导才能、组织协调能力等，这对提高大学生的综合素质具有重要作用。其次，要坚持以人为本，实现对大学生的个性引导。随着社会竞争的日益激烈和人们思想觉悟的提高，当代大学生具有强烈的自我学习、自我锻炼的意识，学生社团为大学生的需求提供了一个良好的平台，但每个大学生都有自身的优势和不足，这就要求社团活动的开展要融入"以人为本"的理念，从学生的个性化需求出发，开展多样的社团活动来引导学生个性的迸发，使学生在社团活动中实现自我价值，同时不断提高自身的综合能力，这对大学生的个体发展具有重要作用。

七、团体精神强化法

高职院校学生社团成员有着共同的兴趣爱好和目标，虽然每一个成员都是单独的个体，但都必须为社团的利益和发展而共同努力、团结协作。学生社团是一个集体组织，成员的个人主义会对社团的建设、发展与管理造成不利的影响。因此，学生社团要始终坚持集体主义精神，培养社员共同的目标和精神，不断提升学生社团的凝聚力、感召力和战斗力，使社团的作用在集体精神下得到最大的发挥。此外，学生社团是高校的一个重要组成部分，要求所有社团要具有集体主义精神，将自身利益纳入学校整体利益之下，促进社团与学校的和谐发展。因此，对学生社团的管理要坚持培养大学生的集体主义精神，使其正确处理集体与个人的关系，保证学生社团的正常运转。

八、分类管理法

高校学生社团的数量在不断增加，学生社团类型也在不断变换。类型不同，活动形式和发展要求也不尽相同，因此，管理学生社团不可以统而管之，应该针对不同类型和主题的社团，采用不同的管理办法。这与人才培养规划的道理是相通的。例如，针对思想理论类社团，要用政治的高度来培养和打造，可以在政策支持和师资力量上予以倾斜，促使其与"两课"教研室形成互动，受其指导。这类社团，不求数量和声势上的浩大，重在打造精品，集结先进青年，通过对各类政策的学习、学生报告团宣讲活动、热点时事学习沙龙等形式，或针对社会现象、校园身边事成立小组展开调研并形成报告，以此表达青年愿望，凝聚有志青年。针对文艺体育类社团，积极鼓励他们向外界宣传自我，寻求合作伙伴，获取社会支持，如与企业、商家或者创业校友等签订协议，通过策划、组织活动，既展示了社团的成果，又为合作方进行了宣传，这样的社会运作，一方面解决了社团资金问题，又为学生接触社会、锻炼自己提供了机会。当然，这要出台相关的政策和措施，加强监管和督导，确保学生社团市场化运作的规范有序。总之，针对不同类型社团的特点、功能，实行分类管理，能使社团的功能充分地发挥出来，激发学生的积极性、参与性。

参考文献

［1］周从标. 全球化背景下思想政治教育创新研究［M］. 北京：中国社会科学出版社，2005.

［2］陈学先，陈清华，陈胜利. 新时期大学生思想政治理论教育的多维透视［M］. 北京：中国商务出版社，2011.

［3］陈默，牛承义. 新时期大学生思想政治教育的科学发展研究［M］. 北京：中国水利水电出版社，2015.

［4］刘淼，李永菊，刘敏，杨晓东. 新时期大学生思想政治教育改革与创新［M］. 北京：中国水利水电出版社，2014.

［5］霍朋，郭红玲. 多元文化视角下大学生思想政治教育研究［M］. 北京：中国水利水电出版社，2015.

［6］王文礼. 大学生综合素质教育［M］. 北京：高等教育出版社，2010.

［7］朱玉媛，周耀林. 人事档案管理原理与方法［M］. 武汉：武汉大学出版社，2011.

［8］刘萌. 档案工作与知识经济论［M］. 北京：中国人民大学出版社，2001.

［9］陈潭. 单位身份的松动——中国人事档案制度研究［M］. 南京：南京大学出版社，2007.

［10］杨周复. 高等学校学生资助政策研究［M］. 北京：高等教育出版社，2003.

［11］张民选. 理想与抉择——大学生资助政策的国际比较［M］. 北京：人民教育出版社，1997.

［12］吴庆. 公平诉求与贫困治理——中国城市贫困大学生群体现状与社会救助政策［M］. 北京：社会科学文献出版社，2005.

［13］郭继东. 学校组织与管理［M］. 上海：华东师范大学出版社，2012.

［14］陆雄文. 管理学大辞典［M］. 上海：上海辞书出版社，2013.

［15］付菊. 我国高职教育的发展史［J］. 河南职业技术师范学院学报：职业教育版，2007（6）.

［16］唐柳荷. 改革开放30年我国高职教育的发展成就及启示［J］. 长沙铁

道学院学报,2009.

[17] 高壮伟,李晓凤. 微博视野下的大学生思想政治教育[J]. 胜利油田党校学报,2012(1).

[18] 裴学伟,张均宽. 高职院校教育管理创新探析[J]. 考试周刊,2015(35).

[19] 邱培彪. 浅析高校后勤服务育人有效性增强的途径[J]. 黑龙江教育学院学报,2013(4).

[20] 汪强. 高职院校行政管理队伍专业化建设问题探析[J]. 职业技术教育,2012(11).

[21] 练波,雷丽莎. 谈高职院校辅导员深入参与课堂教学管理[J]. 重庆与世界:学术版,2015(6).

[22] 姚本先,陆璐. 我国大学生心理健康教育研究的现状与展望[J]. 心理科学,2007(2).

[23] 江立成,魏婷. 我国高校大学生心理健康教育现状与发展趋势[J]. 合肥工业大学学报:社会科学版,2007(3).

[24] 柳友荣,吴桂翎. 回归生活:大学生心理健康教育课程改革的必由路径[J]. 中国高教研究,2010(2).

[25] 张旭新. 大学生心理问题的特点与心理健康教育[J]. 思想理论教育导刊,2010(8).

[26] 蒋涛. 大学生心理健康教育的途径和方法探析[J]. 思想理论教育导刊,2012(5).

[27] 刘海燕,宁淑芬. 大学生心理健康教育课程教学需求的调查与思考[J]. 思想理论教育导刊,2010(9).

[28] 蒋宗文,郭世魁. 积极心理学视野下的大学生心理健康教育[J]. 思想教育研究,2010(10).

[29] 王承清,崔立中. 积极心理学对大学生心理健康教育的启示[J]. 扬州大学学报:高教研究版,2008(1).

[30] 仰滢. 我国大学生心理健康教育20年回顾与展望[J]. 中国高教研究,2008(7).

[31] 邱小艳,宋宏福. 大学生心理健康教育课程体验式教学的实验研究[J]. 湖南师范大学教育科学学报,2013(1).

[32] 沈德立,梁宝勇. 中国大学生心理健康教育创新体系的构建[J]. 心理科学,2006(6).

［66］李博. 高职院校学生社团管理与发展探究［J］. 当代教育实践与教学研究，2015（11）.

［67］陆小峰，任海华. 高职院校学生社团项目化管理建设模式研究［J］. 职教论坛，2014（26）.

［68］卢灵峰. 高职院校学生社团管理探究［J］. 青年文学家，2016（6）.

［69］李兵宽. 土木工程类大学生综合素质评价［D］. 浙江大学，2002.

［70］俞红. 大学生人格发展教育研究［D］. 武汉大学，2003.

［71］凌加泉. 高职突发事件应急管理系统建设研究［D］. 天津大学，2010.

［72］李霞. 论红色资源在思想政治教育中的应用［D］. 中南大学，2013.

［73］赵祖地. 高校德育评估研究［D］. 南京师范大学，2014.

［74］丁笑生. 大学生公寓文化建设研究［D］. 南京师范大学，2014.

［75］张雪萍. 高校后勤社会化背景下学生公寓管理研究［D］. 南昌大学，2008.

［76］黎媛. 思想政治教育视域下的大学生公寓文化建设研究［D］. 西南石油大学，2012.

［77］赵志坚. 公共管理视角下高校学生公寓管理改革探究［D］. 黑龙江大学，2014.

［78］莫诗浦. 大学生创新创业教育的基本原则［N］. 光明日报，2016-7-3.

后 记

《高职院校学生教育管理创新研究》一书，立足于高职院校实际，紧密结合高职学生特点，遵循教育管理工作规律，就学生教育管理过程中的思想政治教育、法纪安全教育、心理健康教育、创新创业教育、综合素质教育、档案管理、公寓管理、资助管理、理论教学管理、实践教学管理、社团管理等方面的主要问题做了系统而具体的论述，内容涵盖范围广，是在推进高职院校学生教育管理系统化、科学化和制度化方面，具有较强指导性和可操作性的实用读物，可为高职院校学生管理工作创新提供现实借鉴。

本书是四川省教育厅"高职院校学生教育管理工作优化研究"（项目编号CJSFZ14-038）项目组集体智慧的结晶。徐友辉、何雪梅和罗惠文提出整个研究工作的基本思想和框架，继而与项目组成员共同研究确定。各章执笔人分别是：徐友辉（第一章）、罗惠文（第二章）、陈婕（第三章）、何雪梅（第四章）、何淑君（第五章）、补坤（第六章）、陈颖洪（第七章）、罗淼（第八章）、喻春梅（第九章）、彭莹（第十章）、曾馨（第十一章）、张宇红（第十二章）、苏红艳（第十三章）。徐友辉对全书的内容进行了审核把关并通改了全部文稿，何雪梅、罗惠文承担全书的编校工作。

本项目研究，得到了四川职业技术学院党委和行政的大力支持，得到了"四川职业技术学院100周年校庆学术专著"的出版资助，得到了西南交通大学出版社社科分社郭发仔社长的热情帮助，在此表示衷心感谢。在撰写过程中，参考和借鉴了许多文献资料和专家、学者的研究成果，涉及面较大，恕不能一一列举，在此一并致以诚挚的谢意。

著者

2017年6月于四川职业技术学院